感謝生命的貴人——摯愛的雙親高顯宏與吳心慧
幫忙照料家務，時時耳提面命，促使小書問世。

《景德傳燈錄》語言探索

高婉瑜 著

臺灣學て書局 印行

謝　誌

　　本書爲國科會專題研究計畫「《景德傳燈錄》詞語研究」（編號：NSC 100-2410-H-032 -061）與「從模因論看《景德傳燈錄》對答的文化意涵」（編號：NSC 101-2410-H-032 -061）部分成果的結集。研究期間獲得經費補助，謹致謝忱。

序

　　靜息念慮，心注一鏡，定慧雙舉，音意兼用，是之謂禪那（梵語 Dhyana），簡稱禪。禪學將佛教世俗化、人格化，擴大了佛的管轄和影響的範圍，促進了佛教的傳播。專門創立與發展思辨修為，諸如佛教之有禪學，據本人孤陋所知，在世界上的諸種宗教中，恐怕為其所獨有。當禪學隨著佛教進入中國之後，便與中國傳統的儒學、道學結合起來，發展為禪宗，成為佛教的一個大宗派，也使得佛教真正地中國化了。

　　禪學原先大抵只是運用機鋒語、棒喝、肢體動作等方式，形成「公案」，即公案禪，當時崇尚「以撥去文字為禪，以口耳授受為妙」。但是，對於禪學的表現本身、以及它的傳承和弘揚，無論如何是不能脫離語言文字的媒介的。宋僧惠洪在其代表作《石門文字禪》中，認為語言文字是佛法的標幟，他說：

> 大法非拘於語言，而借言以顯發者也。……心之妙不可以語言傳，而可以語言見。蓋語言者，心之緣、道之標幟也。標幟審則心契，故學者每以語言為得淺深之候。（卷 25）

　　在他的另一部重要著作《禪林僧寶傳》中則指出：

> 佛法因文字而顯，要在自己親見。若能親見，便能了知目前
> 是真是妄，是生是死。既能了知生死真妄，返現一切言語文
> 字，皆是表現之說，都無實義。（卷25）

所以禪宗後來重視相關文字的記錄，使用「語錄」、「燈錄」的形式，產生所謂「文字禪」。

《景德傳燈錄》是一部比較早產生的文字禪的成果，也是一部重要的禪宗著作。從以上所引惠洪的論述可知，禪學之妙，「非拘於語言」，不過是「借言以顯發」而已，所以禪宗語錄的解讀，自有其獨特之處，而與一般文本、讀本有別。若非於佛法禪理略窺門徑者，則不易正確理解，得其玄奧。

淡江大學副教授高婉瑜女史，語言文字學科班出身，篤好佛學，夙秉慧根，於禪理浸潤有年，現撰就《《景德傳燈錄》語言探索》一書，從語義、語法、語用角度，對《景德傳燈錄》的語言進行解析。尤其可貴者、亦即本書重要特色之一，是運用學界新興的「模因」（meme）理論，跨學科、跨字面地闡發該部語錄的若干內蘊精要。

婉瑜此作，文字清新，要言不煩，沾溉佛學，嘉惠士林，令人欣慰，得大慶喜。余則不敏，謬承託序，實不足光輝大著，勉為其難而已。

董 琨

2014 年 6 月杪于北京潘家園

序

　　對唐宋漢語研究來說，有三類語料頗爲珍貴，一類是敦煌變文，一類是禪宗語錄，一類是宋儒語錄。這三類語料的共同特點是：規模較大，口語化程度頗高。而禪宗語錄還有一個爲其他兩類語料所不具備的優勢，這就是，敦煌變文限於晚唐五代，宋儒語錄限於兩宋，禪宗語錄則自唐以後，代代均有編撰，自身構成了一個前後相續的系統。就唐宋時期而言，重要的禪宗語錄有敦煌寫本《壇經》（初唐）、《神會和尙禪話錄》（神會 668-760，盛唐）、《祖堂集》（晚唐五代）、《景德傳燈錄》（北宋）、《古尊宿語要》（南宋初年）、《五燈會元》（南宋晚期）。

　　由於禪宗語錄作爲語料有諸多優勢，因而伴隨上個世紀八十年代近代漢語研究的興盛，禪宗語錄語言研究漸成爲漢語史研究者關注的熱點領域之一。不過，唐宋禪宗語錄語言研究的發展是不平衡的。就唐宋時期篇幅較大的《祖堂集》、《景德傳燈錄》、《五燈會元》三部禪宗語錄而言，《景德傳燈錄》語言研究相對薄弱。《祖堂集》宋代傳入朝鮮，此後在中國本土長期失傳，上世紀末才經由日本傳回中國，從文獻學的角度看價值很高，因此倍受學界重視，研究成果較多，目前至少已出版有張美蘭、周碧香、譚偉、林新年、梁銀峰、葉建軍、徐琳、鞠彩萍、曹廣順、王閏吉、田春來等人的

十一本專著。呂叔湘先生甚至在爲劉堅《近代漢語讀本》所作〈序〉
中根據《祖堂集》和敦煌變文都「用當時口語做基礎」、整個語言
系統呈現新面貌且代表晚唐五代語言狀況的事實,「建議把近代漢
語的開始定在晚唐五代」,也就是把《祖堂集》和敦煌變文作爲確
定一個語言新階段開始的標誌。《五燈會元》由於歷來流傳較廣,
因而語言學界也比較關注,無論是在辭彙研究方面還是在語法研究
方面,成果也都比較可觀,雖尚無專著問世,但已有闕緒良、劉莉
妮、袁衛華三人的博士論文。《景德傳燈錄》雖然早在上個世紀四
十年代禪宗語錄語言研究的拓荒期就有呂叔湘先生的研究成果《釋
《景德傳燈錄》中在、著二助詞》(1941 年)一文,但到目前爲
止,總的看來,研究成果偏少,大大落後於《祖堂集》和《五燈會
元》的研究,既未見專著,甚至連博士論文也未見一篇。

　　正是基於《景德傳燈錄》語言研究頗爲薄弱的現實,所以當高
婉瑜老師告訴我她的《《景德傳燈錄》語言探索》一書即將面世時,
我由衷地感到高興,可以用「歡欣鼓舞」來形容。因爲這將是《景
德傳燈錄》語言研究的第一本專著,對推動《景德傳燈錄》語言研
究必將發揮積極作用;同時,我個人目前正在進行的一個項目是禪
宗語錄語言發展史研究,常苦於《景德傳燈錄》一書可依傍、參考
的已有研究成果偏少,現在有了高老師的大作,我的研究也可從中
獲益多多。

　　細讀高老師的這本書,我覺得有不少突出的優點。

　　其一,在研究路徑方面,不是全面鋪開,而是採用了重點突破
的方針。作者自稱「本書針對《傳燈錄》的語言現象做主題式討論」,
所選取的「主題」有三個:重要詞語例釋、名詞類「煩惱」義同義

詞考辨、機緣語句語言模因探討。這三個主題具體的研究內容也經過作者精心的選擇。詞語例釋方面選取了兩類詞語：（1）現今不用或罕用者；（2）現今之意義或結構與《景德傳燈錄》有別者。同義詞考辨之所以選擇「煩惱」義同義名詞是因爲「煩惱」是佛家的核心觀念，而這些詞以往中土文獻的專書研究鮮少提及。語言模因探討既從流派的角度選取禪門五宗創宗禪師的機緣語句進行考察，又從形式的角度選取詩句式模因進行討論。這種重點突破的做法，其優勢是能在有限的時間內就研究對象有特色的方面做集中、深入的研究，推出有深度、有新意、有啓發性的成果，這對專書研究來說也是一種不錯的研究取向。

其二，在研究視角方面，勇於運用新的理論，從新的角度切入，做開創性工作。上個世紀七十年代，牛津大學動物學家 Richard Dawkins 認爲社會文化領域與生物界一樣，也有發揮傳遞作用的複製因子，他模仿 gene（基因）造出 meme（模因），主張文化的發展是模因不斷複製的結果，創立了模因理論。本書作者第一次將模因理論引入禪宗語錄語言研究，將機緣語句的語言模因歸納爲八種：A.直問直答；B.拒絕、重複或反問；C.沈默；D.活句；E.格外句；F.鄙言詈語；G.體勢語；H.聲音。作者分別討論了禪門五宗的語言模因，比較了各家的異同，歸納出了強勢模因，分析了模因的作用。作者的這種研究從新的角度詮釋了禪門的語言表達方式、信息交流方式、語言風格傳承機制，新人耳目，富有啓發性，是一種可貴的探索。

其三，書中不少具體結論很有價值，創獲良多。如書中第二章詞語例釋部分對 13 個詞既作共時分析，又進行歷時考察，將各詞

的詞義發展線索梳理得很清楚，對現有研究成果具有補闕、糾誤等作用。第三章同義詞考辨部分將「煩惱」義同義名詞的差異總結爲：「『煩惱』同義詞語義的差異表現在『指稱視角的不同』，例如『惱』、『惑』側重於煩惱時的心理狀態或情緒反應，『漏』、『纏』側重於煩惱的特徵是不斷漏泄，束縛糾纏，『塵』、『垢』側重於煩惱的本質，是不淨的、染汙的。另外，還可從認知機制說明它們之所以能表示煩惱的概念。『漏』、『塵』、『垢』、『纏』基於相似性，以隱喻的方式表示抽象的煩惱。『惱』、『惑』是煩惱的心理狀態之一，基於鄰近性，提取這兩種顯著的狀態表示煩惱。」這一段總結頗爲精彩。對語言模因，作者有一段宏觀論述：「模因是文化的單位、大腦內信息的單位，成功的模因是透過不斷模仿、複製、傳遞，循環不息，發揮影響力。所謂的模仿，是有選擇的模仿。有選擇，意味是經過大腦的認知和心理活動下完成，哪些模因能在競爭中脫穎而出？關鍵在於有良好的內在條件（保眞度、多產性、長壽性）和外在條件（適應性）。」這一段論述概括性強，很精辟。

　　高婉瑜老師師從著名語言學家竺家寧教授，博士論文是《漢文佛典後綴的語法化現象》。竺家寧教授在佛典語言學方面有突出貢獻，曾主持召開第一屆「漢文佛典語言學國際學術研討會」。我因愛好佛典語言學而有幸與他們師生結識。高老師潛心學術，年輕有爲，2011 年出版《漢語常用假設連詞演變研究》，現在又推出了這部大作。我衷心祝願她今後不斷取得新的成果，尤其期待她在佛典語言學研究方面不斷貢獻新作！

　　　　　　　　　　　　　　　　　　盧烈紅
　　　　　　　　　　　　　二〇一四年於珞珈山武漢大學

《景德傳燈錄》語言探索

目　次

序 ·· 董琨　I

序 ·· 盧烈紅　III

第一章　緒　論 ····································· 1

　第一節　《景德傳燈錄》的基本問題 ···················· 2

　第二節　詞語考察述評 ························· 7

　第三節　同義詞研究述評 ························ 12

　第四節　語言模因研究進路 ······················ 14

第二章　詞語例釋及歷時考察 ····················· 17

　第一節　前言 ····························· 17

　第二節　現今不用或罕用的詞語 ··················· 19

　　一、腳手 ····························· 19

二、舉唱 24

三、舉問 28

四、舉似／舉示 32

五、過量人 37

六、影堂 42

七、精藍 46

八、脫灑 49

第三節　現今仍用但意義或結構改變的詞語 54

一、消遣 54

二、染指 61

三、化緣／緣化 65

第四節　結語 71

第三章　名詞類「煩惱」同義詞考辨 **75**

第一節　前言 76

第二節　同義詞的基本問題 79

一、同義詞的界定 79

二、古漢語同義詞識同方法 84

三、古漢語同義詞辨異方法 86

第三節　研究對象的確立 87

第四節　「煩惱」同義詞別異 91

一、「惱」組分析 91

二、「漏」組分析 97

三、「塵」組分析 100

四、「垢」組分析 …………………………………………… 102

五、「惑」組分析 …………………………………………… 104

六、「纏」組分析 …………………………………………… 106

第五節 結語 ………………………………………………… 107

第四章 機緣語句的語言模因 …………………………… **111**

第一節 前言 ………………………………………………… 112

第二節 模因理論 …………………………………………… 119

第三節 機緣語句的模因類型 ……………………………… 127

第四節 仰山慧寂禪師的語言模因 ………………………… 140

第五節 臨濟義玄禪師的語言模因 ………………………… 147

第六節 曹山本寂禪師的語言模因 ………………………… 154

第七節 雲門文偃禪師的語言模因 ………………………… 161

第八節 法眼文益禪師的語言模因 ………………………… 166

第九節 語言模因的力量 …………………………………… 172

第五章 詩句式模因的個案分析 ………………………… **179**

第一節 前言 ………………………………………………… 179

第二節 詩歌的特徵 ………………………………………… 185

第三節 以詩明禪的禪偈 …………………………………… 190

一、早期禪偈的特點 ……………………………………… 191

二、早期禪偈的轉變 ……………………………………… 195

三、禪偈用韻的分析 ……………………………………… 197

四、禪偈平仄與用語分析 ………………………………… 199

　　　　五、從經偈到禪偈──詩句式模因的模仿過程 ······· 201

　　第四節　師資對答的詩句 ······································· 203

　　　　一、對答詩句的綜合分析 ····························· 204

　　　　二、對答詩句模因的流傳與運用 ···················· 210

　　　　三、驗證假設 ··· 215

　　第五節　詩句式模因的特質與傳播 ·························· 218

　　第六節　結語 ··· 222

第六章　　結論 ··· 225

參考書目 ··· 229

後記 ··· 239

第一章　緒　論

　　本書名爲《《景德傳燈錄》語言探索》，屬封閉式的專書研究。語言現象面貌多元，筆者選擇從詞語意義、同義詞辨異、語言模因應用三個主題進行考察。詞語的歷時探索屬基礎工作，不過，本書考察的不是訓詁學重視的生難詞或專業術語，而是一般詞語。一般詞語狀似簡單，容易理解，似乎不會造成閱讀障礙，但也因爲看似平凡無奇，對其意義的掌握反而容易失準，甚至忽略它的演變。

　　詞彙學中的同義詞是語言共通的現象，也是詞彙研究的難點，表面看似相差不多的詞語，如何抽絲剝繭，同中求異，是同義詞研究的重點。筆者選取一組富有佛教特色的文化詞——名詞類「煩惱」詞，從語義、語法、語用三個平面觀察彼此的微異。

　　運用模因論探索禪師與弟子之間的機緣語句是一個全新的嘗試。模因是文化傳遞的基本單位，文化依賴語言薪火傳承，語言本身就是模因現象。禪師與弟子之間的機鋒對答意在教化，透過問答式教學，學人能夠達到啓悟的目的，才有可能延續宗門法脈。如何誘導，如何點化，每位禪師有自己的習慣和風格。禪師使用的言語是一種風格的折射，不同的禪師慣用的語言模因有相同或不同之處，容易達到教化效果的模因即是強勢模因。筆者以晚唐五代的五家禪師爲例，進行語言模因的討論，過濾禪師的機緣語句，再加以

分類歸納，藉此呈現各家門庭的差異。每位禪師之所以能自成一家，開宗立派，在語言學上的意義就是模因力量的展現，禪師能靈活運用多種語言模因，成功吸引學人信眾護持，讓禪法傳遞下去。除了綜覽五家禪師的語言模因之外，再進一步做模因的個案分析，深入探討詩句式模因的發展與傳播過程。

　　本章為緒論，首先針對研究對象進行定性工作，說明《景德傳燈錄》的編者、成書年代、內容、版本、價值。

　　然後，根據本書的主題：詞語考察、同義詞、語言模因，分列三節，進行簡要的文獻述評，或說明研究進路。

　　體例方面，本書的註解和例證編號是各章獨立計算的，同一章註解若有重出，僅列著者、書名或篇名、頁碼，出版地、出版社、出版年月則省略。同一章各節的例證編號亦相承續。

第一節　《景德傳燈錄》的基本問題

　　《景德傳燈錄》（以下簡稱《傳燈錄》），編者是北宋法眼宗僧人道原，亦有一說是拱辰所編。成書年代或說是宋真宗景德元年（1004），亦有認為是景德年間（1004-1007）。依據陳垣、蔡榮婷、楊曾文的考察編輯者是道原，書名也是他所定，受限於資料，僅能判斷該書上呈年代是景德三年，出版年代無法確定，[1]本書姑且從俗，將《傳燈錄》的成書年代視為景德元年。

1　參見陳垣：《中國佛教史籍概論》（北京：中華書局，1962 年 11 月），
　　頁 91-98。蔡榮婷：《景德傳燈錄之研究——以禪師啟悟弟子之方法為中

　　根據《傳燈錄》序和目錄所記，東吳道原禪師認為以往禪宗史書對歷代祖師傳記的編輯不夠周詳，在王臣的支持下，花了許多時間蒐集亡佚典籍，廣泛收羅過去七佛、西方二十八祖和東土六祖，南嶽、青原迄法眼宗法嗣（共 52 世，1701 人）的生平、行事、機緣語句，屬記言體兼按世次記載的譜錄體。經過潤色和筆削，成書二十卷，命名《佛祖同參集》，上呈朝廷之前，改名《景德傳燈錄》，卷數三十卷，[2]近 30 餘萬言。真宗命楊億、李維、王曙等人刊削裁定，刪除紀年有誤、粗俗語句、記述矛盾、冗長附錄，增補傳法世系取捨失當、不足處。

　　有關《傳燈錄》的材料來源，楊億說該書「披奕世之祖圖，采諸方之語錄」，從《傳燈錄》內文及後代典籍的記載得知該書至少參考了《寶林傳》（801）、《付法藏傳》、《玄門聖胄集》（899）、《續寶林傳》（907-911）和其他僧傳，[3]換言之，雖然《傳燈錄》成書於北宋初期，但它的材料來自於前代的典籍及語錄，語言上繼承晚唐五代的口語特色，又經過道原潤色，楊億、李維、王曙等人刊削，亦帶有北宋的語言色彩。然而，楊億等人出身文士，再加上楊億為西崑體的代表，是否使《傳燈錄》沾染上書面語的華麗與雕琢呢？筆者認為《傳燈錄》仍然具備口語的質樸特色，該序提到楊

　　心》（臺北：國立政治大學中文所碩士論文，李豐楙先生指導，1984 年 6月），頁 11-14。楊曾文：〈道原及其《景德傳燈錄》〉，《南京大學學報》2001 年第 3 期，頁 52-63。

2　參見楊曾文：〈道原及其《景德傳燈錄》〉，頁 52-63。

3　參見蔡榮婷：《景德傳燈錄之研究——以禪師啟悟弟子之方法為中心》，頁 27-33。

億對《傳燈錄》十分讚賞，對於原書開示之語句的風格抱持「若乃
別加潤色，失其指歸，既非華竺之殊言，頗近錯雕之傷寶，如此之
類，悉仍其舊」的態度。準此，該書雖經文人刊削，卻未大幅改易
原書的口語特色。

　　《傳燈錄》的版本很多，北宋惟白禪師《大藏經綱目指要錄》
（1104）記載：

> 景德傳燈錄三十卷，東吳僧道原集錄上進真宗皇帝，敕翰林
> 學士楊億作序，入藏流通。

　　此後歷代刻印的大藏經多有收錄，例如宋代私版《崇寧藏》、
《毗盧藏》、《磧砂藏》到現代《頻伽藏》、《普慧藏》，日本的
《弘教藏》、《大正藏》。另外還有一些單刻本，如陳垣提到宋、
元皆有單刻本。今通行者有常州本、四部叢刊三編景宋本、1916
年貴池劉氏覆刻元代延佑本、1935年影印磧砂藏元代泰定本。[4]
　　大藏經所收編的《傳燈錄》以宋本為主，但是現在最流行的版
本為元代延佑三年刻本，日本《弘教藏》、《大正藏》都採該本。
據陳垣的考證，商務印書館1936年編印《四部叢刊》三編的《傳
燈錄》據稱是影印三種宋本合成，卷首增加「西來年表」，陳垣依

4　詳細的版本流傳可參考陳垣：《中國佛教史籍概論》，頁95。蔡榮婷：
　　《景德傳燈錄之研究——以禪師啟悟弟子之方法為中心》，頁15-27、楊
　　曾文：〈道原及其《景德傳燈錄》〉，頁52-63。馮國棟：《《景德傳燈
　　錄》研究》（上海：復旦大學博士論文，陳允吉先生指導，2004年4月），
　　頁36-71。

據「西來年表」和達摩到中國說，斷定該本不是道原、楊億舊本。[5]

本書參考的版本是新文豐 1988 年出版的《傳燈錄》，該本影印自《普慧藏》。《普慧藏》依據的版本為 1919 年常州天寧寺刻本，參校了鐵琴銅劍樓所藏宋本、宋代《磧砂藏》、金藏《傳燈玉英集》、元代延佑本、明代《嘉興藏》、清代《龍藏》，是受肯定的集大成精校本。另外還有《大正藏》本及京都中文出版社的《四部叢刊》本和高麗本《傳燈錄》。高麗本由李穡加刊序文，開版於 1614 年公洪道恩津地佛明山雙溪寺，版木現存於濟州圓明寺。高麗本雖然有些地方漫漶不清，仍具重要價值。

除了閱讀紙本《傳燈錄》之外，還利用中華電子佛典協會的 CBETA（電子佛典集成）協助檢索和過濾其他佛典語料，CBETA 的《傳燈錄》為《大正藏》本。

據筆者所知，目前對《傳燈錄》進行譯注者有顧宏義與朱俊紅。顧宏義的譯注較早出，臺灣三民書局在 2005 年曾出版繁體版，上海書店在 2010 年出版簡體版，兩者差異不大。相對於顧宏義，朱俊紅的點校比較晚出，且扼要簡單，其書是 2011 年由海南出版社出版。筆者參考的是顧宏義的譯注。

在禪宗史上，《傳燈錄》有舉足輕重的地位，具有劃時代的意義。首先，它是中國第一部以「燈錄」命名的燈錄體著作，經皇帝頒佈通行、入藏，元、明都有刊本，流傳甚久。南宋樓鑰的〈了齋〈有門頌〉帖〉跋文：「近世士大夫用力不及前輩，祗如學佛，僅能涉獵《楞嚴》、《圓覺》、《淨名》等經，及《傳燈》語錄，以

5　參見陳垣：《中國佛教史籍概論》，頁 95。

資談辨。」（T49, no.2035, p0443b26）[6]指明《傳燈錄》是宋人習佛的必讀經典。

再者，《傳燈錄》奠定了燈錄範式，後代陸續出現多種以「燈錄」為名的禪宗史料，如《天聖廣燈錄》、《建中靖國續燈錄》等體裁均仿自《傳燈錄》。即便南宋普濟將《傳燈錄》與其他四部燈錄整併為《五燈會元》，仍無法取代它的地位。甚至是成書年代更早的《寶林傳》（801）、《祖堂集》（952）再度為人所知，也無法抹滅《傳燈錄》的價值。

當《祖堂集》從日本傳回中國時，掀起了一股研究風潮，相關的論述如雨後春筍，在疑問句、俗文字、疑難詞語、各項詞類的討論取得較多的成果，反觀《傳燈錄》，在文獻版本、禪宗思想、文學技巧、啟悟方法、公案與偈頌詮釋、美學意涵上的研究不少，禪師喜歡以肢體動作回應學僧的問題，肢體語言已引起學界注意，其他的語言現象也做出了一些成績，仍多是零散的討論，缺乏成系統的探究。

程湘清提到：「只有一個時代一個時代、一本書一本書地從多方面描寫整個詞彙的面貌，才能摸索出漢語詞會發展的特點和脈絡。」[7]處於近代漢語的《傳燈錄》是值得研究的材料，有利於瞭解晚唐五代、北宋初年語言的面貌。準此，筆者試圖拋磚引玉，以

---

6 T 表示《大正新脩大藏經》冊號，no 表示經號，p 表示頁碼，a/b/c 表示上欄、中欄、下欄，欄位後的數字表示所在行數的起始。後面各章節均依此處理，不擬再註。

7 參見程湘清：〈寫在前面——漢語史專書研究方法論〉，《漢語史專書複音詞研究（增訂本）》（北京：商務印書館，2008 年 1 月），頁 13。

《傳燈錄》爲本書關照對象，雖然只是一本專書而已，但涵蓋的語言現象十分豐富，若要全部窮盡，恐非短期能成。因之，將研究重心進一步聚焦，兼顧「基礎」、「普遍」、「新穎」三個面向，分設三個主題：基礎的詞語考釋，具有普遍意義的同義詞辨析，以及透過模因論研究公案語言（機緣語句）。

第二節　詞語考察述評

有關《傳燈錄》的詞語研究尚有很大的發揮空間。與《傳燈錄》詞語直接相關的文章零散有限，做得較早的是祖生利，他在 1996、2001、2002 年一共發表五篇文章，從詞法的角度（偏正式、補充式、主謂式、補充式、聯合式）討論複音詞，五篇文章介紹複音詞的類型、例證，描寫之功多，讓讀者能具備初步的認識。

範圍若縮小到《傳燈錄》的「詞語考察」，目前尚無專門著作。但是，討論佛經非名相、一般常用詞的文獻則如過江之鯽，詞書、詞典類的如玄應《一切經音義》、慧琳《一切經音義》、袁賓《禪宗詞典》與《宋語言詞典》、江藍生與曹廣順《唐五代語言詞典》、李維琦《佛經釋詞》、《佛經續釋詞》、《佛經詞語匯釋》等等。專書中涉及詞語考察者，例如俞理明《佛教文獻語言》、蔡鏡浩《魏晉南北朝詞語例釋》、顏洽茂《魏晉南北朝佛經詞彙研究》、《南北朝佛經複音詞研究——《賢愚經》、《雜寶藏經》、《百喻經》複音詞初探》、梁曉虹《佛教詞語的構造與漢語詞彙的發展》、《佛教與漢語詞彙》、朱慶之《佛典與中古漢語詞彙研究》、董志翹《《入唐求法巡禮行記》詞彙研究》、陳文杰《早期漢譯佛典語言研究》、

王紹峰《初唐佛典詞彙研究》、竺家寧《佛經語言初探》、譚偉《《祖堂集》文獻語言研究》等等。如果擴及到其他材料的詞語考釋，還可參考蔣禮鴻《敦煌文獻語言詞典》、《敦煌變文字義通釋》、葉貴良《敦煌道經詞語考釋》等等。不過，這些著作畢竟不是針對《傳燈錄》所撰寫的，對於瞭解《傳燈錄》只是輔助性質，難免會遇到有疑問的詞語卻沒有搜羅、解釋的情形。

　　詞彙研究工作始於意義考察，前輩學者的研究方法及引證廣泛豐富，值得筆者學習，例如張相《詩詞曲語詞彙釋》、蔣禮鴻《敦煌變文字義通釋》、方一新《東漢魏晉南北朝的史書詞語箋釋》等等，都有旁徵博引，重視語境、語法影響，力求確切解釋的優點。根據方一新歸納詞語的考釋有幾種研究方法：1.歸納整理，2.勾陳舊注，3.利用校勘，4.因聲求義，5.互文、對文印證，6.方言佐證。詞語考釋目的有幾種情形：1.校勘，2.辨正，3.溯源，4.察變，5.探討得義由來，[8]這些要點正是傳統古籍校勘、訓詁、註釋所依循的原則，同時也是筆者進行詞語考察的依據。

　　要通讀文章，詞語考釋是首要步驟，釐清了詞語意義，才有可能進一步瞭解句子、段落、全文之意，正如中學國文課本每課都有「註釋」的道理一樣。語言中變化速度最快的是詞彙，從詞彙的生滅不但能瞭解當代詞彙本身的發展，還能側面瞭解文化在詞彙身上的烙印。宋代書面語、口語早已分家，書面系統繼承多於創新，變

8　參見方一新：〈中古近代漢語詞彙研究的總結性成果——以幾部斷代詞語通釋和專書語言詞典為例〉，《合肥師範學院學報》第 4 期（2008 年 7月），頁 17-22。

化緩慢，口語系統完全相反，創新能力強，承載時代的訊息多。

根據筆者的觀察，《傳燈錄》口語詞的問題大抵有四種情形：

1、詞典未收錄。

如「賺誤」，欺瞞之意，《傳燈錄‧天台德韶禪師》：「若只貴答話簡辯有什麼難，但恐無益於人翻成賺誤。」（T51, no.2076, p0407b07）《一切經音義》、《宋語言詞典》、《漢語大詞典》未收此詞。

如「觸穢」，《傳燈錄‧佛陀難提》：「口無言說真大乘器，不行四衢知觸穢耳。」（T51, no.2076, p0208c02）《漢語大詞典》、《一切經音義》未收此詞。《宋語言詞典》「觸」有污穢義，《汾陽無德禪師語錄》：「邪正不分，觸淨難明。」（T47, no.1992, p0601a25）故「觸穢」為同義的複合詞，表污穢之意。

如「合譚」，《傳燈錄》出現 8 次，作「合譚何事」，《一切經音義》、《宋語言詞典》、《漢語大詞典》未收此詞，「合譚」有討論之意。

2、意義容易混淆。

如「海參」，《傳燈錄‧清涼文益禪師》：「師微以激發，皆漸而服膺，海參之眾常不減千計。」（T51, no.2076, p0398b02）「海參之眾」如何解釋？此處的「海參」顯然不是指水中的棘皮動物，又同書〈九峯道虔禪師〉：「師曰：『汝道巨嶽還曾乏寸土也無？』曰：『恁麼即四海參尋，當為何事。』」（T51, no.2076, p032913）可知「海參」是「四海參尋」的略稱，指尋訪之意。

3、首見於《傳燈錄》。

如「却旋」，在佛典禪籍中首見於《傳燈錄》，僅出現 1 次，

即〈僧璨大師〉：「即適羅浮山優游二載，却旋舊址逾月。」（T51, no.2076, p0221c26）「却」有退卻之意，「却旋」表示回轉、返回之意。

4、解釋不夠周全。

如「精藍」，《大正藏》僅出現 14 次，如《傳燈錄·平田普岸禪師》：「日居月諸，爲四衆所知，創建精藍，號平田禪院焉。」（T51, no.2076, p0267a16）據筆者查考《一切經音義》未收此詞，《宋語言詞典》：「精藍，佛教寺院。」《漢語大詞典》「精藍」條：「佛寺；僧舍。精，精舍；藍，阿蘭若。宋高翥《常熟縣破山寺》詩：『古縣滄浪外，精藍縹緲間。』」引南宋高翥詩爲證，書證時代較晚。從構詞來看，「精藍」爲意音混合詞，「精」取自「精舍」的「精」，「藍」爲音譯詞（如伽藍）的節譯，「精藍」是修行居住的場所。此詞在第二章會再詳細討論。

如「會理」，《傳燈錄·僧伽難提》：「我不會理，正百歲耳。」（T51, no.2076, p0212b01）《一切經音義》、《宋語言詞典》未收，《漢語大詞典》引明代樊鵬〈何大復先生行狀〉爲證，解爲「明理」之意，但《傳燈錄》的「理」特指「佛機」，而非一般的事理。

如「怖頭」，《傳燈錄·顧齊禪師》：「師上堂有僧問：『夜月舒光，爲什麼碧潭無影？』師曰：『作家弄影漢。』其僧從東過西立。師曰：『不唯弄影，兼乃怖頭。』」（T51, no.2076, p0424a07）顧宏義注：「怖頭，惶恐、恐懼，此作迷失解。」[9]「怖」爲什麼

9　參見〔北宋〕道原撰，顧宏義注譯：《景德傳燈錄譯注》（上海：上海書店出版社，2010 年 1 月），頁 2090。

有迷失之意？是隨文釋義嗎？《漢語大詞典》：「怖頭，指迷失眞性而惑於妄相。語本《楞嚴經》卷四：『汝豈不聞室羅城中演若達多，忽於晨朝以鏡照面，愛鏡中頭，眉目可見，瞋責己頭，不見面目，以爲魑魅，無狀怖走。』」由上可知，依照《楞嚴經》，「怖」仍是恐怖、害怕之意。《傳燈錄》的「怖頭」爲動賓式的短語，當失眞性解，「怖」當迷失解，僅是佛典臨時義，不是「怖」的固定義位，顧宏義之說過於簡略。

如「孤形」，《傳燈錄‧降魔藏禪師》：「師孤形制伏，曾無少畏。」（T51, no.2076, p0232b15）「孤形」在《大正藏》出現 3 次，一次見於窺基《妙法蓮華經玄贊》：「狐，音扈都反。玉篇：妖獸鬼所乘狐有三德，其色中和，小前大後，死必守丘，野干色青黃如狗，群行夜鳴，聲如狼，能緣木巢於危嚴高木，孤形稍大，野干形小。而兩形相類大小有殊。」「孤形」、「狐形」形近而誤。贊寧等《宋高僧傳》（988）：「釋藏師，姓王氏，趙郡人也。……藏七歲，隻影閑房，孤形迥野，嘗無少畏。」由此可知，《宋高僧傳》、《傳燈錄》的「孤形」爲一個人、獨自一人之意，《漢語大詞典》引《二刻拍案驚奇》爲證，時代過晚。

如果要全面清查、考證《傳燈錄》詞語，定非這本小書所能涵蓋，僅能挑選部分的一般詞語做歷時考察。本書第二章從流通狀況將所欲研究的詞語分爲兩種類型：1.退出或少見於現代漢語，不爲人熟知，2.現代漢語仍在使用，看似表面相同，但詞語意義、內部結構或語法功能改變了。具體考察的對象是：第一類「腳手」、「舉唱」、「舉問」、「舉似／舉示」、「過量人」、「影堂」、「精藍」、「脫灑」。第二類「消遣」、「染指」、「化緣／緣化」。

第三節　同義詞研究述評

　　目前爲止，學界累積同義詞的研究成果較多，以專書、學位論文爲例，有曾昭聰《古漢語神祀類同義詞研究》、馮蒸《《說文》同義詞研究》、鍾明立《《段注》同義詞考論》、周文德《《孟子》同義詞研究》、徐正考《《論語》同義詞研究》、王彤偉《《三國志》同義詞及其歷時演變研究》等等。

　　有關《傳燈錄》的同義詞，祖生利 2002 年的文章只是稍微涉及同義詞，沒有深入細究。2003 年杜曉莉的碩士論文討論了《傳燈錄》的同義名詞，杜曉莉之後尚未有其他專門研究《傳燈錄》同義詞的論文問世。現在，我們來看看祖生利與杜曉莉的成果。

　　祖生利提到唐五代時期漢語詞彙複音化程度進一步加深，集中體現在實義單音同義詞的組合配對，構成數量龐大的同義類聚系統。《傳燈錄》詞數在 5 個以上的同義類聚體至少有 51 組，正反映了詞語高度複音化的趨勢。[10]該文揭示了同義詞的重要性，可能因爲篇幅的關係，作者沒有完整呈現研究成果，例如材料的分析狀況，所舉的例子只有詞條，沒有提供語境，讀者只知其梗概，如果要進一步探討，必須重新歸納、統計，整理類型。

　　杜曉莉整理《傳燈錄》的同義名詞，依照語義場分爲 21 類 249 詞，其中佛教的語義場成員最多，共有 117 個詞，然後，再將同義

10　參見祖生利：〈《景德傳燈錄》中的聯合式複音詞〉，《古漢語研究》第
　　3 期（2002 年），頁 58-63。

名詞分類，說明新詞的構成方式。[11]該論文有以下幾個問題：1.只做名詞的部分。2.有些組別的成員很少，彼此之間是音節擴充關係（單音詞變成雙音詞），缺乏概括性。3.詞語的解釋不夠細膩，簡單以為音譯詞的來源皆是單一的梵語。

再者，該論文可商榷處頗多，例如音兼意譯詞部分，作者以為梵語 saṃgha 對譯為「僧眾」、「僧侶」、「僧徒」，事實上 saṃgha 本有眾多僧人之意，是複數名詞，《釋氏要覽》記載：「凡四人以上名僧。」「僧」是 saṃgha 僧伽的節縮，加上「眾」強調了多數，加上「侶」、「徒」強調同伴、同修之意，換言之，所加的語素不同，語義隨之有別。

又如梵語 yama-rāja 對譯為「閻王」、「閻羅王」、「閻老子」，作者只說是音兼意譯詞，嚴謹地說是 yama-rāja 的音譯節縮，再加上漢語的類別名（王）。而且「閻王」、「閻羅王」、「閻老子」不相等，語義上，漢語的「王」不等於「老子」，三詞的語用色彩不同，「閻老子」具有強烈的口語色彩，作者沒有區分它們的差別。

從祖生利、杜曉莉的研究可知《傳燈錄》保留了豐富的同義詞資源，如何有效將同義詞「同中別異」，是值得探討的議題。

本書的第三章將針對《傳燈錄》名詞類「煩惱」同義詞做探討，以單音詞為依據分成六組：「惱」、「漏」、「塵」、「垢」、「惑」、「纏」，雙音的煩惱詞依其所含單音語素，併入六個單音詞組。接著，從語義、語法、語用三個平面進行「別同異」。

---

11 參見杜曉莉：《《景德傳燈錄》同義名詞研究》（成都：四川大學碩士論文，雷漢卿先生指導，2003 年 3 月）。

第四節　語言模因研究進路

　　周裕鍇曾批評禪宗的研究有一個傾向：各領域研究互不干涉，做思想的只搞思想，做語言的只搞語言，做文學的只搞文學，問題是禪宗文獻的複雜性不容許割裂式的解讀，同一則公案在不同禪師的表述下，顯示不同的宗派教義，或者面對不同的公案，禪師卻有相同的回答，亦不代表背後是同樣的意義。[12]

　　日本衣川賢次在袁賓《禪宗著作詞語彙釋》的書評中，主張在具備禪宗史的常識基礎上，將語言放進具體的禪思想史的脈絡中理解。衣川的見解十分正確，片面式或截斷式的分析很容易誤解禪師「老婆心切」的用意。

　　事實上，禪宗公案除了有宗派風格之外，語言也很有特色，凸顯了禪宗語言的複雜性。周裕鍇提到禪宗語錄和傳統的文言文有相當大的差異，與一般世俗的白話不同，其言說方式主要是問答體，充滿了宗教的隱喻。禪宗語言的這種邊界不明的跨學科研究的狀況，目前學術界尚未形成專門的學術範圍和規則，因而從某種意義上說還有較大的發展空間。[13]

　　有關禪籍語言研究現況，周裕鍇進一步點出一個深沉的問題：從語法角度研究禪籍語言有多大的學術發展前途和提升空間？他認為這種研究缺法實際操作性，對掃清閱讀理解禪籍的障礙幫助不

12　參見周裕鍇：《禪宗語言研究入門》（上海：復旦大學出版社，2009 年 5月），頁 72-76。

13　參見周裕鍇：《禪宗語言研究入門》前言，頁 2。

大，再者，缺少語言學理論的建構，流於對禪籍公案表面形式的類型化歸納。[14]

　　換句話說，面對複雜的禪宗語言，詞彙、語法研究只是基礎性的瞭解，如果要更上一層樓，僅賴詞彙、語法的分析尚不足以完整透視公案背後的意涵，還必須具備禪宗的知識脈絡。語言只是「表詮」，禪師的教化除了「表詮」之外，還有「遮詮」，不是單憑邏輯推理能全然解析。

　　本書的第四、五章是個新嘗試。從模因（meme）的角度切入，觀察禪師與學人的機緣語句中運用了哪些語言模因。模因研究在漢學界起步較晚，而且集中在翻譯、英語教學、廣告領域，尚未有人將模因理論應用到禪宗語錄，這個結合是全新的試驗，沒有直接相關的文獻可供述評。[15]

　　禪史的發展說明中晚唐的祖師禪、分燈禪傾向「不立文字」；北宋後形成文字禪，禪教合一，變成「不離文字」；南宋的看話禪、默照禪又轉向「不立文字」。其實所謂「不立文字」並非捨棄、抹滅語言文字，而是不確立文字的真實性。[16]而且，根據燈錄、語錄等資料顯示，絕大多數禪師的教化活動仍然依賴語言，可以說語言

14　參見周裕鍇：《禪宗語言研究入門》，頁 78。

15　筆者曾發表過相關論述，本書第五章是在該文的基礎上擴展而成。參見高婉瑜：〈從模因論看禪門詩句的發展與傳播——以《景德傳燈錄》為中心〉，《師大學報：語言與文學類》（2014 年 5 月 27 日接受刊登）。

16　葛兆光提到基於「文字性離」，文字不是意義，有時還會遮蔽意義。但這不意味禪要放棄語言，他批評日本鈴木大拙就是刻意強化了禪與文字的對立，才造成這種悟解。參見葛兆光：《增訂本中國禪思想史——從六世紀到十世紀》（上海：上海古籍出版社，2008 年 12 月），頁 423。

模因承載了禪法。語言模因的成功複製意味著禪法能快速、廣泛傳播，因此，我們有必要認識禪師使用哪些語言模因，以及模因蘊含的強大力量。

為什麼模因論可以運用到禪師機緣語句的分析呢？

因為文化有許多面向，包含宗教、語言、歷史、政治等等，不管是從歷時發展或各民族、各區域共時的角度，都可看到這些面向之間存在一脈相承的類似性，這就是模因的作用。文化是模因模仿、複製、傳播的產物，模因是文化的基本單位，也是大腦裡的信息單位，宗門代代相傳，禪法燈燈相續，延續法脈，牽涉到模因之間競爭，強勢模因勝出，快速複製傳播，便能保證法脈的延續。禪師留下的公案，許多的機緣語句，可看成種種的語言模因，筆者感興趣的是哪些模因能有效傳遞禪師的旨意，達到教化的目的？又，不同宗門的禪師是否有共同的語言模因？如果能找到共同的語言模因，就表示這種模因力量很強，才能獲得多數人的青睞。運用模因論透視剖析禪宗文獻的機緣對答，再配合背後的文化與宗派特色，或許有可能認識對答的意涵，明白禪師要表達的教化意義，從另一個角度來說，透過模因的傳播，也讓我們有機會看清某些模因發展的歷史軌跡。

第二章　詞語例釋及歷時考察

　　根據學界的研究，禪宗典籍有比較高的口語性質，根據流通狀況來分類，禪籍的一般詞語分成兩種類型：1.退出或少見於現代漢語，不爲人熟知，2.現代漢語仍在使用，雖然表面看起來相同，但詞語意義、內部結構或語法功能改變了。這兩類詞語或多或少會造成閱讀的困擾。

　　最理想的狀況是全面考察《傳燈錄》一般詞語的意義及演變，然限於時間與精力的關係，前述兩類詞語僅以個案例釋的方式處理。本章討論的對象包括：1.現今不用或罕用的「腳手」、「舉唱」、「舉問」、「舉似／舉示」、「過量人」、「影堂」、「精藍」、「脫灑」，這些詞語在禪籍與其他文獻中有所差異。2.表面看似相同，意義或結構有別於今的「消遣」、「染指」、「化緣／緣化」。

　　本章除了做基礎的釋義與結構描寫之外，亦從歷時演變的角度，分析每個詞語在語義、語法層面的古今差異。

第一節　前　言

　　本章以出現於《傳燈錄》的詞語爲對象，並參照中國第一部禪宗語錄《祖堂集》、漢譯佛典、中土文獻等等，進行歷時性的考察。

歷代典籍卷秩浩繁，在檢索的工作上，筆者藉助了幾個資料庫，古代漢語利用中央研究院漢籍全文資料庫，現代漢語是用中研院現代漢語平衡語料庫（以下簡稱平衡語料庫），以及北京大學 CCL 語料庫，佛典方面採用中華電子佛典協會的 CBETA（電子佛典集成 2012 年版）。蒐羅相關資料後，再逐條檢核。

依照流通狀況來說，《傳燈錄》的一般詞語分成兩種類型：1.已經退出或少見於現代漢語，該詞語不為人熟知，2.目前仍在使用，詞面維持一致，[1]但詞語意義、內部結構或語法功能可能改變了。

限於主、客觀因素，筆者選擇幾個詞語做為研究對象，數量雖然有限，仍涵蓋兩種類型。分別是：

1. 現今不用或罕用的「腳手」、「舉」組詞語（如「舉唱」、「舉問」、「舉似／舉示」）[2]、「過量人」、「影堂」、「精藍」、「脫灑」。這些詞語在禪籍與其他文獻中有些差異。

2. 現今仍用但意義或結構改變的詞語，如「消遣」、「染指」、「化緣／緣化」。

本章的考察成果除了有助於瞭解詞語演變過程，對詞典的編修亦有助益，例如各條詞語的解釋均核對過《漢語大詞典》（以下簡

1　就詞而言，其書面形式可稱為詞面，本章所謂的詞面涵蓋較廣泛，指「詞語的書面形式」。

2　《祖堂集》與《傳燈錄》有「舉看」，但「舉看」為「說看看」之意，「看」表嘗試態，與「舉看」同義者還有「問看」。「V 看」是詞法模式，不列入本文的討論。有關詞法模式的介紹，請參見董秀芳：《漢語的詞庫與詞法》（北京：北京大學出版社，1994 年 12 月），頁 101。

稱《大詞典》）、《禪宗詞典》、《禪宗大詞典》、《唐五代語言詞典》、《宋語言詞典》等等，筆者發現詞典或有失收義項，或引證偶見小瑕，可供詞典釋義或提前引證時代的參考。

第二節　現今不用或罕用的詞語

本節針對現今不用或罕用的詞語，釋其意義、語法結構或語法功能，考察對象有：「腳手」、「舉」組詞語（「舉唱」、「舉問」、「舉似／舉示」）、「過量人」、「影堂」、「精藍」、「脫灑」。

所謂現今不用或罕用，是以平衡語料庫與 CCL 語料庫為準，在兩個語料庫中均未出現，抑或曾經出現，但頻率很低，如「影堂」只有 1 次，屬古語殘留的現象。

一、腳手

（一）意義與功能

「腳手」，《傳燈錄》出現 7 次，有 4 次表腳與手之意，如例1。有 3 次表角色之意，如例2、3。

1. 師問神山：「作什麼？」對云：「打羅。」師云：「手打腳打。」……（洞山別云：「無腳手者，始解打羅。」）（T51, no.2076, p0257b18）
2. 崇壽稠云：「還有人定得此道理麼？若定不得，只是箇弄精魂腳手。」（T51, no.2076, p0249b09）

3. 若有箇入頭處遇著一個[3]咬猪狗腳手，不惜性命入泥入水相為。（T51, no.2076, p0356b27）

例1涉及打鑼之事，對照「手打腳打」，「無腳手者」的「腳手」指腳與手。「腳手」是並列式名詞短語，句中「無腳手者」是主語，「無腳手」當定語，「腳手」是動詞「無」的賓語。

例2崇壽稠禪師問是否有人能瞭解此番道理，如果不能，只是一個「弄精魂腳手」。由於出現量詞「箇」，可知「弄精魂腳手」不是「弄精魂腳與手」，「腳手」已非詞面義的簡單相加，而是一個詞。從語境判斷，崇壽稠禪師是對人提問，故「弄精魂腳手」是指被問的「人」，不是指行為活動「手段」。故「弄精魂腳手」是賣弄精氣魂魄的角色（人）之意。

例3是文偃禪師接引學人的語句。袁賓提到「咬豬狗手腳」又稱為「咬豬狗腳手」，指本色禪師接引學人或較量機鋒，不講情面，手段奇特。[4]故「腳手」是指角色（人），本例「咬豬狗腳手」當賓語。

（二）歷時考察

綜觀「腳手」的歷史，最早出現在梁傅翕（497-569）〈十勸〉：「天堂地獄分明有，莫將酒肉勸僧人，五百生中無腳手。」「腳手」

3　明代《方冊藏》無「一個」。

4　參見袁賓主編：《禪宗詞典》（武漢：湖北人民出版社，1994年1月），頁413。

是短語，表腳與手。隨後，唐代醫書亦有「腳手」，仍是短語，表腳與手。直到《祖堂集》才出現變化。

《祖堂集》有 4 次「腳手」，有 1 次表角色，即〈長慶和尚〉：「師云：『看汝不是這個腳手。』」

根據筆者的考察，唐代以後的「腳手」常用義有三個：1.腳與手，人的上下四肢。2.猶手腳，謂暗中采取的行動。3.猶爪牙，指能聽候調遣者。

筆者發現表角色的「腳手」使用範圍有所限定，僅見於禪宗典籍。《大詞典》表爪牙（聽候調遣者）的例證引自北宋末佛果克勤（1063-1135）《佛果圓悟禪師碧巖錄》：「大中天子曾輕觸，三度親遭弄爪牙，黃檗豈是如今惡腳手。」（T48, no.2003, p0152b05）[5]大中天子指唐宣宗，未繼位之前曾出家當沙彌，與擔任首座的黃檗希運（？-850）有一段對談，對答之中，大中太過執著，被希運巴掌了，後來繼承國位，賜黃檗爲麁行沙門，裴相國在朝時，又奏賜斷際禪師。換言之，「黃檗豈是如今惡腳手」的「腳手」不能理解爲聽候調遣者，與當時的情境不符合，應該仍解爲角色。

南宋時，「腳手」產生暗中採取行動之意，見南宋朱熹（1130-1200）《朱子語類・朱子十三・訓門人四》：「德修向時之事，不合將許多條法與壽皇看，暴露了，被小人知之，卻做了腳手。」「腳手」猶今日常說的「手腳」，被小人做腳手，隱含了「腳手」是不光明的行爲之意。

明代時，「腳手」產生手下或屬下之意，見《繡像金瓶梅詞話》

5　著著及冊號、經號等資訊爲筆者按蠡之後，逕自加入。

第十三回：「兩個約定暗號兒；但子虛不在家，這邊使丫鬟立牆頭上，暗暗以咳嗽為號，或先丟塊瓦兒。見這邊無人，方纔上牆叫他，西門慶便用梯橙扒過牆來。這邊早安下腳手接他。」本段描述西門慶與李瓶兒約定日後見面的辦法，雖然無法確定文中的「腳手」是否就是使暗號的丫鬟，抑或指另一個協助者，但可確定「腳手」是聽候差遣的手下。

　　比較角色與手下（或爪牙）之意，兩者當有區別。就時間而言，角色義早於手下義。就地位而言，角色是對等、不分上下的，手下是上對下而言。就色彩而言，角色是中性的，手下雖然是中性的，還可衍生出貶義（爪牙）。

　　腳和手是人體的四肢，具有「端點顯著性」、「功能顯著性」的認知特色，[6]容易成為關注的焦點，顯著度高提供「轉喻」的可能，用以代稱行為的施動者（角色）。語義發生轉喻時，結構亦發生變化，從並列式的短語，經過「重新分析」，凝固成並列式名詞。同理，手下義也是人體四肢義的轉喻。腳和手的強勢特徵是「功能」，故可轉喻為行為活動，因此，暗中採取行動也是人體四肢義的轉喻。

　　在現代漢語中，無論是短語「腳手」或成詞的「腳手」都十分少見。平衡語料庫與 CCL 語料庫均未找到「腳手」。不過，1926年 2 月《台灣民報》刊載賴和的小說〈一桿秤仔〉曾出現表腳與手的「腳手」，即：「他的身體，就因過勞，患著瘧疾，病了四五天，

6　參見趙倩：《漢語人體名詞詞義演變規律及認知動因》（北京：中國社會科學出版社，2013 年 3 月），頁 100、101。

才診過一次西醫，花去兩塊多錢，雖則輕快些，腳手尚覺乏力。」

教育部《臺灣閩南語常用辭典》有「跤手」（kha-tshiú），亦作「骹手」、「腳手」，意思是：1.手和腳，2.下屬、部屬，3.人手，提供幫助的人力，4.手段、伎倆，5.手腳、動作。[7]這五個義項都還在使用。

《漢語方言大詞典》卷四的「腳手」，在西南官話的湖北武漢指舉動、動作或本來的面目。吳語區浙江寧波指同謀的人的互稱。北方官話指為了實現某種企圖而暗採取的行動，具貶義，引《水滸傳》與《醒世恆言》為例。[8]

《現代漢語方言大詞典》的「腳手」，在績溪是指正房之外的附屬建築。溫州指腳和手，泛指人的四肢，又可指不光明正大的行為，特指小偷小摸。海口指手腳，或左右幫助的人。[9]「骹手」，福州指手和腳，指舉動或動作，又可指人手。廈門指手與腳，屬下、人手。雷州指手和腳合稱，人手、手下的人，又可作動詞，拳打腳踢之意。[10]

前面提過「腳手」猶「手腳」，「手腳」在國語（普通話）、揚州、績溪、婁底、黎川、蘇州、杭州、寧波、長沙方言中除了中

7　參見教育部《臺灣閩南語常用辭典》
　　http://twblg.dict.edu.tw/holodict_new/default.jsp，查詢日期：2013.1.9。

8　參見許寶華、宮田一郎主編：《漢語方言大詞典》（北京：中華書局，1994年4月），頁5646-5647。

9　參見李榮主編：《現代漢語方言大詞典》（南京：江蘇教育出版社，2002年12月），頁3904。

10　參見李榮主編：《現代漢語方言大詞典》，頁5488。

性的舉動、動作外,還有另一種貶義色彩,指為了某種企圖而暗中採取行動,成都方言甚至只有貶義。可見「手腳」的語義傾向負向偏移。[11]

由上可知,現代的「腳手」基本上已經退出北方官話區,但仍活躍於南方方言,閩語區作「跤手」或「骹手」居多。不過,禪籍「腳手」的角色之意,在南方方言中也沒有保留下來。

表 1 「腳手」的演變簡表

時代	梁代	晚唐五代	南宋	明代
新意	腳與手	角色	暗中採取行動	手下,聽候差遣者
結構	並列式短語	並列式名詞	並列式名詞	並列式名詞
演變機制	轉喻、重新分析			

二、舉唱

《傳燈錄》有一批由「舉」構成的詞語,如「舉唱」、「舉問」、「舉似」、「舉示」,都與言說有關,這些詞語經常出現在禪籍。首先來看「舉唱」。

(一)意義與功能

「舉唱」,《傳燈錄》出現 44 次,均表「稱說」之意,例如:

---

11 參見董紹克、李焱、趙紅梅:《漢語方言詞彙比較研究》(北京:商務印書館,2013 年 3 月),頁 94。

4. 僧問：「上宗乘如何舉唱？」（T51, no.2076, p0330a18）

5. 其師於是告眾致齋，請師說法。師登座，舉唱百丈門風。

（T51, no.2076, p0268a10）

例4、5的「舉唱」都是動詞當述語，為稱說、言說之意。

（二）歷時考察

《禮記·雜記下》：「過而舉君之諱則起。」鄭玄（127-200）注：「舉，猶言也。」「舉」亦有發問之意，如《禮記·曲禮上》：「主人不問，客不先舉。」孔穎達（574-648）疏：「舉亦問也。客從外來，宜問路中寒熱無恙，若主人未問，則客不可先問也。」換言之，先秦的「舉」已有說、問之意。

《詩經·鄭風·蘀兮》：「倡（唱）予和女。」《韓非子·解老》：「竽也者，五聲之長者也，故竽先則鐘瑟皆隨，竽唱則諸樂皆和。」查《說文解字·口部》：「唱，導也。」[12]從上述的文獻可知，先有唱後有和，因為唱引出了和，故《說文》認為唱有引導之意，再者，唱、和的動作出現在樂器演奏場合，可見不是無意義的聲音，而是有節奏的樂音，所以〈蘀兮〉的文意是竽先發出樂音，隨後鐘瑟等其他樂器接著和聲。準此，筆者將「唱」是語義徵性（semantic features）概括為〔聲音〕與〔音樂性〕。

「唱」又可表示動物鳴叫，如西晉謝混〈游西池〉：「悟彼蟋

---

12 參見〔東漢〕許慎撰，〔清〕段玉裁注：《新添古音說文解字注》（臺北：洪葉文化，1999年增修一版，經韻樓藏版），二篇上，頁57。

蟀唱，信此勞者歌。」由於「唱」與「歌」對文，言者是將蟋蟀的叫聲看成是蟋蟀唱歌，「唱」的兩個語義徵性不變。

「唱」還可表叫喊、宣揚之意，表叫喊者，如北齊魏收（507-572）《魏書·孫脩義傳》：「居大言不遜，脩義命左右牽曳之，居對大眾呼天唱賊。」[13]表宣揚者，如劉宋范曄（398-445）《後漢書·孔僖傳》：「齊桓公親揚其先君之惡，以唱管仲，然後群臣得盡其心。」表叫喊、宣揚義的「唱」，保留了語義徵性〔聲音〕，隱去了〔音樂性〕。由此可知，「唱」的語義演變是從強調〔+音樂性〕，放寬為〔－音樂性〕，不變的是，無論歌唱、叫喊，「唱」都具備〔聲音〕的語義徵性。

六朝譯經有「高舉唱音」，見西晉竺法護譯《賢劫經》：「行菩薩道，頒宣經典，高舉唱音，令眾人聞，了了無疑，是布施報。」（T14, no.0425, p0025c03）亦有「舉聲唱言」，見姚秦竺佛念《出曜經》：「時彼敵國之王歎未曾有，舉聲唱言[14]：「善哉善哉大王！……」（T04, no.0212, p0735c15）還有「舉聲唱說」，見劉宋求那跋陀羅譯《雜阿含經》：「阿難！有眾生離生喜樂，處處潤澤，處處敷悅，舉身充滿，無不滿處。所謂離生喜樂，彼從三昧起，舉

---

13 蔣紹愚曾提到表高聲叫的「唱」見於唐代的王梵志詩、敦煌變文、《入唐求法巡禮行記》，王梵志是唐初的白話詩人，換句話說，表高聲叫的「唱」見於唐初。參見蔣紹愚：〈《祖堂集》詞語試釋〉，《中國語文》第2期（1985年4月），頁143。

據筆者查證，《大詞典》表叫喊的「唱」所徵引的文獻是唐初李延壽《北史·孫脩義傳》，書證較晚，該段文句抄自北齊魏收《魏書》，故表叫喊的「唱」的時代可上溯至北齊。

14 南宋《思溪藏》、元代《普寧藏》、明代《方冊藏》「言」作「曰」。

聲唱說，遍告大眾：『極寂靜者，離生喜樂，極樂者，離生喜樂。』
諸有聞彼聲者，是名聞第一。」（T02, no.0099, p0123b28）上述「高
舉唱音」、「舉聲唱言」、「舉聲唱說」的「舉」爲發出（聲音）
之意，「舉聲」實質上是言說經教、佛法，而非發出樂音或其他聲
響。「唱音」、「唱言」、「唱說」之「唱」爲宣說、言說之意，
與樂音無關，所唱的內容亦是經教、佛法。

　　表稱說的「舉唱」最早見於《祖堂集》，共計 12 次，出現的
語境均相同，如〈長慶和尚〉：「學人近入叢林，乞師舉唱宗乘。」
〈睡龍和尚〉：「一體歸無性，六處本來同。我今齊舉唱，方便示
汝濃。」由此可知，「舉唱」見於宗師向大眾宣說宗門法義的語境，
相當於《禪宗詞典》、《禪宗大詞典》所謂的舉說、宣示之意。[15]

　　「舉唱」多出現於禪宗與道教典籍，鮮少見於非宗教文獻。而
且，禪籍的「舉唱」與道教典籍的「舉唱」意義不同，如明張宇初
等編的《正統道藏·上方天尊說眞元通仙道經》：「故大眾諒伏巍
巍德音，遂讚揚步虛，同聲舉唱。」「同聲舉唱」爲一同歌頌之意。
《正統道藏·元始闡道開化普度章》：「黃天魔王常乘羽車，飛行
三界，橫行天地，舉唱謠歌，惱亂學人。」「舉唱謠歌」爲吟詠歌
謠或歌唱之意。換言之，禪籍「舉唱」是言說而已，道藏的「舉唱」
變成帶有韻律節奏的歌頌、吟詠或歌唱，意義發生引申了，或者換
個角度說，「舉唱」的「唱」從隱沒〔音樂性〕，恢復了〔音樂性〕。

15　參見袁賓主編：《禪宗詞典》（武漢：湖北人民出版社，1994 年 1 月），
　　頁 436。袁賓、康健主編：《禪宗大詞典》（武漢：崇文書局，2010 年 5
　　月），頁 226。

　　由於「舉唱」出現的語境有所限定，在古漢語的頻率已經不高了。現代的平衡語料庫與 CCL 語料庫都沒有找到「舉唱」。

　　根據上述分析，「舉唱」一詞最早出現在《祖堂集》。《祖堂集》與《傳燈錄》的「舉唱」是言說之意。「舉」有說之意，「唱」也有宣說之意，「舉唱」的內部結構爲並列式動詞。明代的「舉唱」意義發生引申，「唱」由〔－音樂性〕恢復爲〔+音樂性〕，可表歌頌、吟詠、歌唱之意。

表 2　「舉唱」的演變簡表

時代	晚唐五代	明代
新意	言說	歌頌、吟詠、歌唱
結構	並列式動詞	並列式動詞
演變機制	引申	

三、舉問

（一）意義與功能

　　「舉問」，《傳燈錄》出現 17 次，表舉某事詢問人之意。

　　6. 夾山與定山同行言話次，定山云：「生死中無佛，即非生死。」夾山云：「生死中有佛，即不迷生死。」二人上山參禮。夾山便舉問師：「未審二人見處，那箇較親？」師云：「一親一疎。」（T51, no.2076, p0254c14）

　　7. 禪月詩云：「禪客相逢只彈指，此心能有幾人知？」大隨

和尚舉問禪月：「如何是此心？」無對。（T51, no.2076,
p0435b13）

例6「夾山便舉問師」是夾山將先前與定山的對話拿來問禪師，
師為受事賓語，「舉」和「問」是兩個動作，舉某事而問之，由於
是先舉出某事來問人，動作有先後之別，為連動式當述語。

例7「大隨和尚舉問禪月」意即大隨和尚舉禪月詩問之，與例
6不同的是，禪月是問題內容，而不是詢問的對象。「舉問」是連
動式當述語。

（二）歷時考察

「舉問」最早出現於中土的佛教典籍，如唐法藏《華嚴經探玄
記》：「第二答行所成德中有二十句，初滅愚癡是牒前問，具智慧
故是答也。下諸句皆先舉問後顯答。」（T35, no.1733, p0211c16）
「舉問」意即提出問題來問。又如唐代日僧圓仁《入唐求法巡禮行
記・開成四年》：「講師唱經題目，便開題分別三門。釋題目訖，
維那師出來，於高座前讀申會興之由，及施主別名，所施物色申訖，
便以其狀轉與講師。講師把塵尾，一一申舉施主名，獨自誓願，誓
願訖，論義者論端舉問。舉問之間，講師舉塵尾，聞問者語。舉
問了，便傾塵尾，即還舉之，謝問便答。帖問帖答，與本國同，但
難儀式稍別。」根據語境，「舉問」是舉前所言而問師之意。

就禪籍而言，「舉問」最早見於《祖堂集》，共計13次，句
法環境單純，都是「某人舉問某人」，「舉問」為舉某事而詢問之
意，如〈雲岩禪師〉：「南泉云：『智不到處，不得說著，說著則

頭角生也。』有人舉問師：『古人與麼道，意作麼生？』」

　　《禪宗詞典》記載「舉」是禪師語錄記載格式，表示舉說某則公案，[16]引《黃龍慧南禪師語錄》：「舉，阿難偈云：『本來付有法，付了言無法。各各須自悟，悟了無無法。』」（T47, no.1993, p0638a27）[17]後來，《禪宗大詞典》進一步說「舉問」是舉說公案並提出問題，是禪家問話的一種形式。[18]根據《禪宗大詞典》，「舉問」就是以公案為問題，詢問禪師，是「舉」、「問」兩個動作的連續。

　　後來，「舉問」進入非佛教文獻，南宋《朱子語類》出現 6 次，「舉問」的內容變成外典，其他資料也有零星的「舉問」。整體而言，出現頻率不如佛教文獻那麼高，用法仍然相同。

　　在現代，平衡語料庫、CCL 語料庫都沒找到「舉問」。

　　筆者發現早期的「舉問」前面總有相關的一段故事或對答，以便當事者「舉問」其他禪師。因此「舉」不等於「問」，是連續的兩個動作，而且只有「舉問」，沒有「問舉」，可見動作有先後順序，不能顛倒，歸入連動式短語。那麼，經常出現於禪籍的「舉問」究竟是短語還是複合詞呢？

　　詞和非詞（如短語、語素等等）是個連續統，不可能截然劃分，歷來對兩者的判斷依據見解很多，根據丁喜霞的歸納，標準有四

16　參見袁賓主編：《禪宗詞典》，頁 435。

17　《大正藏》的資訊為筆者按覈原文後所加。

18　參見袁賓、康健主編：《禪宗大詞典》（武漢：崇文書局，2010 年 5 月），頁 227。

個：1.意義，2.結構，3.語音，4.使用頻率。[19]筆者以此來判斷「舉問」的內部結構。

就意義而言，不論是佛典、禪籍或非佛典籍的「舉問」，雖然語義略有小別，但其意義的透明度（transparent）比較高，換句話說，可以從組成成分的意義直接推出。

就結構而言，具備穩定性，不可擴展，未曾出現「舉+某事+問」，表示成分之間的融合性強。

就語音而言，「舉問」的語音具有連續性，沒有停頓，加上又是雙音節，合乎漢語的基本音步。

就使用頻率而言，禪籍的「舉問」為常用詞，《卍續藏》、《嘉興藏》、《大正藏》、《中華藏》、《乾隆藏》、《卍正藏》共出現 258 次。[20]因之，「舉問」符合結構、語音、頻率三項標準，推斷「舉問」的演變是從早期的連動式短語，經過「重新分析」，凝固降類成連動式動詞。

19　參見丁喜霞：《中古常用並列雙音詞的成詞和演變研究》（北京：語文出版社，2006 年 8 月），頁 122-130。

20　藏經的排列順序是以頻率為考量，而非以編輯時代考量。258 次是出現在各藏經「禪宗部類」的總次數。文中各處藏經的統計原則亦是如此，不再備註。

表3 「舉問」的演變簡表

時代	唐代	晚唐五代以後
新意	舉某事詢問	舉某事（如公案）來詢問
結構	連動式短語	連動式動詞
演變機制	重新分析	

四、舉似／舉示

（一）意義與功能

「舉似」，《傳燈錄》出現 73 次，有 68 次的句式是「N1 (主語，施事)+舉似+（於）+N2 (賓語，與事)」，如例 8。有 5 次是「（N1+）舉似」，如例 9。

> 8. 彼有何言句，汝試舉似於吾，與汝證明。（T51, no.2076, p0239a27）
> 9. 向後遇作家，分明舉似。（T51, no.2076, p0348c03）

例 8 的意思是他有何言語，你試著說給我聽，我替你證明。故「舉似」是說某事給某人聽之意，動詞當述語。

例 9 的意思是日後遇到機用傑出的高手，明白說給他聽。「舉似」是動詞當述語。據語境可補出對象，即前面的「作家」，也就是分明舉似（於作家）。

「舉示」，《傳燈錄》出現 5 次。「舉示」和「舉似」語義相近，句式同樣是「N1 (主語，施事)+舉示+N2 (賓語，與事)」，如例 10。

10. 曹山行腳時問：「如何是毘盧師法身主。」師云：「我
若向爾道即別有也。」曹山舉似洞山。洞山云：「好箇話
頭只欠進語，何不更去問為什麼不道？」曹山乃却來進前
語。師云：「若言我不道，即啞却我口。若言我道，即謇
却我舌。」曹山歸舉示洞山，洞山深肯之。（T51, no.2076,
p0292c20）

例 10 中，前有「曹山舉似洞山」，後有「曹山歸舉示洞山」，
根據語境，「舉似」相當於「舉示」，仔細地說，「舉似」指說（某
事）給（某人聽）之意，「舉示」是言說之意。交際時，兩者可替
換。不過，「舉示」語義的透明度比「舉似」高，「舉示」是並列
式短語當述語。

（二）歷時考察

表說某事給某人聽的「舉似」最早見於《祖堂集》，同書卻沒
有「舉示」。[21]同義的「舉示」最早出現於《傳燈錄》。故「舉似」
早於「舉示」。

---

21 漢譯佛典有「舉示」，但結構與語義與禪籍有別。如東晉佛陀跋陀羅共法
顯譯《摩訶僧祇律》：「時偷蘭難陀即持此衣到精舍，舒看見不淨著衣，
即以此衣示諸比丘尼，作是言：『汝等看此衣上，是丈夫丈夫相。』時諸
比丘尼語偷蘭難陀言：『如是應覆藏之物，云何示人？若欲浣者應浣，若
不浣者應舉。』時偷蘭難陀比丘尼語諸比丘尼言：『此有何可恥，使我藏
之？此是丈夫丈夫之相。』更復舉示諸比丘尼。」（T22, no.1425, p0300b22）
對照「此衣示諸比丘尼」與「更復舉示諸比丘尼」。「示」是展示之意，
「舉示」可解為揭舉而示之。唐義淨譯《根本說一切有部毘奈耶雜事》：

　　《祖堂集》的「舉似」有 118 次。有 112 次句式是「N1 _{（主語，}
施事_）+舉似+（於）+N2 _{（賓語，與事）}」，如〈慧忠國師〉：「伏牛和尚
與馬大師送書到師處。師問：『馬師說何法示人？』對曰：『即心
即佛。』……後有人舉似仰山。」有 5 次是「（N1+）舉似」，如
〈投子和尚〉：「師教沙彌：『你去問他我意作摩生。』沙彌便去
喚趙州，趙州回頭，沙彌便問：『和尚與摩道意作摩生？』趙州云：
『遇著個太伯。』沙彌歸舉似，師便大笑。」有 1 例則是「N1 _{（主}
語，施事_）+舉似+（於）+N2 _{（賓語，受事）}」，如〈徑山和尚〉：「全表
卻歸石霜，舉似前話。」「前話」是「舉似」的內容。

　　「舉似」在近代的中土文獻曾出現於《朱子語類》、《宋人軼
事彙編》、《全金元詞》、《元好問全集》、《正統道藏》等等，
句式是「N1 _{（主語，施事）}+舉似+（於）+N2 _{（賓語，與事或受事）}」。

　　到了現代，平衡語料庫、CCL 語料庫都沒有找到「舉似」和「舉
示」。

　　《禪宗大詞典》只收「舉似」，未收「舉示」，「舉似」是舉
說言句告訴某人，舉示。[22]可見《禪宗大詞典》將「舉似」、「舉
示」視爲相同，從《傳燈錄》的例子證明了此說可信。

　　「舉似」的「似」是何意？

　　江藍生討論「舉似」的結構，提到「舉似」若後接受事賓語，
「似」可釋爲介詞「向、對」，[23]「似」的給與義已經虛化殆盡，

　　「長者報曰：『地既如此，足如之何？幸當舉足，我試觀足。』即便舉示
　　其皮並穿。」（T24, no.1451, p0262c15）「舉示」之「舉」爲舉起，「示」
　　爲展示，意即揭舉而示之。這兩例的「舉示」不是詞，而是連動式短語。
22　參見袁賓、康健主編：《禪宗大詞典》，頁 227。

只引出行為動作的接受者。「舉似」後面若無受事賓語,「似」為
語助,相當於動詞後綴。至於「似」為何有「與」之意?她認為基
於「詞義滲透」,「與」在與「似」密切聯繫的語境中,逐漸把它
的「給與」義滲透給了「似」。[24]

　　關於「似」為何有「與」意,汪維輝與江藍生意見相左。汪維
輝主張「似」是「以」的增旁字,而「以」又是「與」的音借字,
「似」所紀錄的其實就是語言中的「與」這個詞,它本來就表示「給
與」義。至遲在晚唐五代,「V似」已經成了慣用語,人們對「似」
的語義不瞭解,所以再加一個同義的「與」或介詞「於」來引進動
作的對象。[25]

　　《傳燈錄》大多數的「舉似」後有介詞「於」引介受事賓語,
證實汪維輝的論點,當時的「舉似」已是慣用語,而且「似」能與
多種動詞結合,例如「送似」、「寄似」、「委似」、「說似」、
「話似」、「指似」、「呈似」等等。不過,汪維輝沒有說明「舉
似」的結構類型。順著他的邏輯,「似」是「與」的音借字,則「似」
就當「與」使用,「舉似」即是「舉與」,屬連動式動詞。不過「舉
與」的語義偏重「舉」,久而久之,後一詞之詞彙意義逐漸磨損,
伴隨的結果就是「～似」的構詞理據不明朗了。

23　「似」有與、向之意一說可追溯至張相:《詩詞曲語辭匯釋》(臺北:洪
　　葉文化,1993 年 4 月),頁 322-324。

24　參見江藍生:〈「舉似」補說〉,《近代漢語探源》(北京:商務印書館,
　　2000 年 2 月),頁 266-274。

25　參見汪維輝:〈再說「舉似」〉,《著名中年語言學家自選集;汪維輝卷》
　　(上海:上海教育出版社,2011 年 10 月),頁 306-329。

接著，來看「舉示」的發展。

早期的「舉示」爲舉起示之的意思，見《禮記·曲禮》孔穎達疏：「軍行，若前值水則畫爲青雀旌旗幡，上舉示之。」此處的「舉示」結構上不在同一個層次。佛經的「舉示」也有舉起示之的意思，見東晉佛陀跋陀羅共法顯譯《摩訶僧祇律》：「比丘尼語偷蘭難陀言：『如是應覆藏之物，云何示人？若欲浣者應浣。若不浣者應舉。』時偷蘭難陀比丘尼語諸比丘尼言：「此有何可恥，使我藏之？此是丈夫丈夫之相，更復舉示諸比丘尼。」（T22, no.1425, p0300b22）由此可見，舉起示之是「舉示」的常用義。

表說某事給某人聽的「舉示」初期作「舉而示」，中間插入連詞「而」，見西漢劉向《說苑·政理》：「眾不可戶說也，可舉而示也。」顯見其結構鬆散。隋代佛經出現沒有插入連詞的「舉示」，見隋智顗（538-597）《妙法蓮華經文句》：「長行有二，一述本迹，二與授記。初有三，一就釋迦世行因發迹，二約過去佛世行因顯本，三就三世佛所修因行滿。就釋迦佛所行因發迹復三，一舉示其人，二總標本迹章，三別釋本迹。」（T34, no.1718, p0104c21）本段解釋「長行」的內涵。「舉示其人」爲言說佛陀的生平事蹟之意。

根據前面的分析，既然「舉似」和「舉示」同義，句法環境一致，爲何在《傳燈錄》中出現頻率差異甚大呢？[26]

筆者推測是因爲頻率問題，不論內外典，歷代的「舉示」本身就是低頻詞，累計僅數十例。再者，這群低頻的「舉示」常用義是

---

26 在《大正藏》中，兩者頻率也極爲懸殊，「舉似」有 324 次，「舉示」23 次。

舉起示之。因為數量少頻率低，加上常用義不是言說義，因此表言說的「舉示」很難與高頻的「舉似」競爭。由此亦可瞭解為何《禪宗大詞典》只收「舉似」，未收「舉示」了。

先秦的「示」可表告訴之意，《楚辭‧九章‧懷沙》：「懷瑾握瑜兮，窮不知所示。」王逸注：「示，語也。」《戰國策‧秦策二》：「醫扁鵲見秦武王，武王示之病。」高誘注：「示，語也。」前面討論「舉唱」時，曾提到《禮記》的「舉」有說、問之意，故「舉示」為同義動詞的並列，但因為「舉示」出現頻率很低，姑且將「舉示」歸為並列式短語。

表4 「舉似／舉示」的演變簡表

時代	晚唐五代	北宋
新意	舉似：說（某事）給（某人聽）	舉示：言說
結構	連動式動詞	並列式短語
演變機制	「舉似」之「似」為「與」的音借字，「舉似」即「舉與」，語義偏重於「舉」。後來「似」詞彙意義逐漸磨損，內部結構漸趨不明。	

五、過量人

（一）意義與功能

「過量人」，《傳燈錄》出現1次，即：

11. 妄立虛假名　何爲真實義　唯有過量人　通達無取捨
　　（T51, no.2076, p0239b23）

　　例 11 的「過量人」，顧宏義解釋爲非常人，即不是平常人所能度量者，[27]無誤。此例「過量人」是定中式短語當存現賓語。

（二）歷時考察

　　「過量人」具有佛教色彩，《大正藏》共出現 21 次，最早的是唐圭峰宗密（784-841）《圓覺經大疏釋義鈔》：「任運自在，名爲解脫人，亦名過量人。」（X9, no.245, p0534b01）[28]《祖堂集》未見「過量人」，直到北宋《傳燈錄》才又出現 1 次，即例 11。至此之後，「過量人」頻繁出現在禪籍，在《嘉興藏》、《卍續藏》、《乾隆藏》、《大正藏》、《中華藏》、《卍正藏》的禪籍中，共找到 282 次。

　　《佛光大辭典》記載：

　　　　量，梵語 pramāṇa 之意譯。有廣狹二義，狹義而言，指認
　　　　識事物之標準、根據；廣義言之，則指認識作用之形式、過
　　　　程、結果，及判斷知識真偽之標準等。[29]

27　〔北宋〕道原著，顧宏義譯注：《景德傳燈錄譯注》（上海：上海書店出版社，2010 年 1 月），頁 320。

28　X 表示《卍新纂續藏經》。

29　參見釋慈怡主編的《佛光大辭典》第三版，頁 5293「量」條。《佛光大辭典》網址：http://etext.fgs.org.tw/etext6/search-1.htm。

無論廣義或狹義,「量」均有「標準」之意。又《廣說佛教語大辭典》下卷:「過量,超量、超群之意。」同書:「過量人,通達傑出之人。」[30]

根據上述,佛教的「過量人」為褒揚的美稱。除了「過量人」(282 次)之外,還有「過量見」(6 次)、「過量用」(28 次)、「過量事」(77 次)、「過量才」(2 次)、「過量智」(7 次)、「過量機」(12 次),都是美稱。[31]顯見「過量~」十分能產。從語法結構與功能上看,「過量~」是述賓式的「過量」充當定語修飾名詞,「過量~」可看成定中式短語。

在現代,平衡語料庫與 CCL 語料庫都未出現「過量人」。

筆者發現佛典的「過量」在語義和語法功能上均有發展。

根據《大詞典》,「過量」指「超過適當的限度」。中土文獻的「過量」主要當述語用,最早的資料是《晏子春秋》,見〈外篇〉:「今之君輕國而重樂,薄于民而厚于養,藉斂過量,使令過任,而嬰不能禁。」還有西晉陳壽(233-297)《三國志·蜀書·李嚴傳》:「平為大臣,受恩過量。」當述語的「過量」一直持續至今,是主流用法。

「過量」偶可當主語,如劉宋范曄《後漢書·志第六·禮儀下》:「嘗藥監、近臣中常侍、小黃門皆先嘗藥,過量十二。」

---

30 (日)中村元著,林光明編譯:《廣說佛教與大辭典》下卷(臺北:嘉豐出版社,2009 年 5 月),頁 1408。

31 佛經的「過量~」也有貶意者,例如《摩訶僧祇律》的「過量床」指超過尺寸的床,得「過量床」應鋸掉,使之如法。

當定語的「過量」十分晚出，而且僅此一例，即《清史稿・怡賢親王允祥列傳》：「朕深知王德，覺此八字無一毫過量之詞。」

相較下，漢譯佛典保留了豐富的「過量」，用法比中土文獻多元。時代也比較早，除了當述語、主語之外，亦當定語、狀語。

當定語者，如東晉佛陀跋陀羅共法顯譯《摩訶僧祇律》：「若客比丘來次第付床褥，得過量床，應語知事者言：『借我鋸來。』問：『作何等？』答言：『此床過量，欲截，令如法。』」（T22, no.1425, p0391b18）[32]前一個「過量」當定語，後一個「過量」當述語。

當狀語者，見東晉佛陀跋陀羅共法顯譯《摩訶僧祇律》：「若比丘於難處妨處，自乞作房，無主為身，亦不將諸比丘示作房處。而過量作者，僧伽婆尸沙[33]。」（T22, no.1425, p0277c06）「過量作者」的內部是〔〔〔過量〕(述賓短語，狀語)＋作(動詞，述語)〕(狀中短語)＋者(代詞，中心語)〕(定中短語)。

回到本文探討的「過量人」。中土文獻直到南宋朱熹《朱子文集》才出現 1 次「過量人」，即〈用前韻答方直甫〉：「小儒談大方，任意略權度。未行要疾走，踉蹡不成步。唯應過量人，不作與麼去。請君敞書帷，為我說歸趣。」「過量人」帶有褒揚的色彩意。另外，明陳建（1497-1567）的《正誼堂全書陳清瀾先生學蔀通辯》

---

32 宮內省圖書寮本、南宋《思溪藏》、元代《普寧藏》、明代《方冊藏》無「褥」字。

33 僧伽婆尸沙是梵語 sanghāvaśeṣa 的音譯，犯戒依照輕重分為七類，稱為七聚，分別是波羅夷、僧伽婆尸沙、偷蘭遮、波逸提、提舍尼、突吉羅、惡說。

在涉及佛教的語境中出現 1 次「過量人」。

　　綜合上述，「過量」雖然是中土固有的詞語，其意義與語法功能在佛教典籍中有所開展。

　　語義方面，「過量」表超過標準或限度之意，由於認知視角的不同，佛教的「過量」多有正面的褒揚色彩義，中土文獻的「過量」不具褒義。

　　語法功能方面，中土文獻的「過量」常作述語，偶爾當主語、定語，佛教典籍的「過量」除了當述語、主語、定語之外，還可以當狀語。

　　「過量人」僅在宋、明文獻各出現 1 次，可算是古詞、死詞了。更具體地說，佛典禪籍當定語的「過量」是新興的語法功能，加上這批「過量～」有濃厚的佛教色彩，出現的語境有限，導致當定語的「過量」沒能在中土文獻廣泛保留。

　　最早的「過量人」出現在唐代佛典，北宋初期《傳燈錄》出現 1 次，後來才頻繁見於禪籍（282 次）。由於唐代佛典、《傳燈錄》「過量人」頻率較低，語義透明度高，保守地將唐、北宋初「過量人」的結構判爲定中式短語。

表 5 「過量人」的演變簡表

時代	唐代
新意	非常人，通達傑出之人
結構	定中式短語
演變機制	因爲認知視角有別，佛教的「過量人」是褒義。

六、影堂

（一）意義與功能

「影堂」，《傳燈錄》出現 5 次，如：

> 12.吾之朽質當於來月歸茲地矣！言訖而迴。至二月四日果
>   有微疾，沐浴訖跏趺入滅。元和中追諡大寂禪師，塔曰
>   大莊嚴，今海昏縣影堂存焉。（T51, no.2076, p0246a21）
> 13.師目有重瞳，垂手過膝…所遺壞衲三事及開山拄杖木
>   屐，今在影堂中。（T51, no.2076, p0320b06）

例 12 的「影堂」指禪師圓寂後供奉肖像或遺物之處，名詞當
處所主語。

例 13 的「影堂」是名詞當處所賓語。

《傳燈錄》記載古佛、祖師的生平事蹟，是書的描述採順序法，
先介紹家庭狀況、出生、成長的過程，出家前後所發生的機鋒公案，
一則完整的敘述最後會提到祖師圓寂的過程、皇帝的追封、塔廟等
等，是為結束。「影堂」通常出現在故事末。語法功能很單純，就
是當處所主語或處所賓語。

（二）歷時考察

《大詞典》的「影堂」收兩義項：1.寺廟道觀供奉佛祖、尊師

眞影之所。引唐李遠《聞明上人逝寄友人》：「書來忽報惠休[34]亡，他時若更相隨去，祗是含酸對影堂。」2.家廟，其中供奉祖先遺像。引宋司馬光《涑水記聞》：「安國嘗力諫其兄，以天下洶洶，不樂新法，皆歸咎於公，恐爲家禍。安石不聽，安國哭於影堂曰：『吾家滅門矣！』」

　　具筆者查證，北宋以前的漢譯佛典僅見 1 次「影堂」，即唐菩提流志譯《佛說心中經》的校勘：「康安二年九月十日，以東寺御影堂本加挍直惈了。」（T19, no.0920, p0015a17），表供奉禪師肖像或遺物之處的「影堂」爲北宋之後佛典與禪籍的常用詞，在《嘉興藏》、《卍續藏》、《乾隆藏》、《大正藏》、《中華藏》中出現 215 次，若限定於禪籍，也有 116 次。

　　中土文獻的「影堂」始見於後晉劉昫（887-946）《舊唐書·段文昌子成式傳》：「文昌於荊、蜀皆有先祖故第，至是贖爲浮圖祠。又以先人墳墓在荊州，別營居第以置祖禰影堂，歲時伏臘，良辰美景享薦之。」「祖禰」指先祖和先父，或統稱祖先。「祖禰影堂」意即祖廟或父廟，或統稱爲祖廟。此例可補《大詞典》引證過晚。北宋以後，表宗廟的「影堂」也是中土文獻常用詞。

　　在現代，平衡語料庫沒有「影堂」，CCL 語料庫出現 1 次，即：「貞元初，詣白馬寺，得善導之《西方化導文》，大喜，至長安善導影堂瞻禮，感見導之眞身。」「影堂」指存放善導法師的肖像、遺物之處，屬古語的殘留，由於頻率很低，證明現代的「影堂」已是古詞、死詞了。

34　惠休，劉宋詩人，早年曾出家爲僧，號惠休上人。

　　「影」由「光線投射下的陰影、暗像」之意引申爲「圖繪的肖像」。唐玄奘（602-664）《大唐西域記·那揭羅曷國》：「昔有佛影，煥若眞容，相好具足，儼然如在。」（T51, no.2087, p0878c24）根據文意，「佛影」指的是佛陀肖像。

　　「影堂」由放置肖像之處引申爲放有肖像等可資紀念物品，以供後人追思的場所，內部結構爲定中式名詞。

　　要注意的是，佛教的「塔」和「影堂」用途不太一樣。《佛光大辭典》記載：

> 塔，梵語 stūpa，巴利語 thūpa。音譯作窣睹婆、窣堵婆……。
> 爲「頂」、「堆土」之義。原指爲安置佛陀舍利等物，而以
> 甎等構造成之建築物，然至後世，多與「支提」（梵 caitya）
> 混同，而泛指於佛陀生處、成道處…祖師高僧遺骨等，而以
> 堆土、石、甎、木等築成，作爲供養禮拜之建築物。然據摩
> 訶僧祇律卷三十三、法華義疏卷十一等之記載，則應以佛陀
> 舍利之有無爲塔與支提之區別，凡有佛陀舍利者，稱爲塔；
> 無佛陀舍利者，稱爲支提。[35]

由此可知，依《摩訶僧祇律》之說，「塔」用於供奉安置佛陀舍利。儘管後來不嚴辨「塔」與「支提」，但「塔」和「影堂」的存放物是有區別的。再根據《傳燈錄》記載：

35　參見釋慈怡主編的《佛光大辭典》第三版，頁 5421「塔」條。

（清豁禪師）謂門人曰：「吾滅後，將遺骸施諸蟲蟻，勿置墳塔。」言訖潛入湖頭山，坐磐石，儼然長往。弟子戒因入山尋見，稟遺命延留七日，竟無蟲蟻之所侵食，遂就闍維，散於林野。今泉州開元寺淨土院影堂存焉。（T51, no.2076, p0384b19）

文中，徒弟遵照清豁禪師的遺命，不把遺骸至於「墳塔」，而散於林野，故開元寺淨土院的「影堂」應無遺骸或骨灰、舍利。加上《傳燈錄》〈如訥禪師〉的記載，以及清代儀潤證義的《百丈叢林清規證義記・開山祖忌》：「侍者於影堂懸某祖像，隨報供獻。」（X63, no.1244, p0408c15）凡此種種，顯示「影堂」用於置放祖師的肖像或遺物。

關於「影堂」的演變，從產生時代上來說，供奉禪師肖像或遺物之處的「影堂」出現較早，見於唐代詩歌與佛典，後晉劉昫的《舊唐書》才出現表祖廟、家廟的「影堂」，意義發生引申。

附帶一提，譚偉曾云「影堂」又稱「祖堂」，如五代齊己（863-937）〈寄武陵微上人〉：「善卷臺邊寺，松筠遶祖堂。」從最初為本山或本派祖師立堂，後來變為供奉禪宗諸祖師以外的禪林尊宿。[36]時移明代，「祖堂」還擴展為祭祀祖先的廳堂，如明華夏的〈家書〉，收於《四明叢書》第二集之《過宜言・文・卷七》：「眼看也遇公公等忌日，隨分菜蔬羹飯……祖堂單用香燭，亦可盡心。」根據上

---

36 參見譚偉：《《祖堂集》文獻語文研究》（成都：巴蜀書社，2005 年 7 月），頁 23-24。

述資料，「影堂」和「祖堂」有相同的義項，可視爲一組同義詞。不過「祖堂」的發展比「影堂」晚。

表 6 「影堂」的演變簡表

時代	唐代	後晉
新意	供奉祖師肖像或遺物之處	祖廟、家廟
結構	定中式名詞	定中式名詞
演變機制	引申	

七、精藍

（一）意義與功能

「精藍」，《傳燈錄》出現 3 次。2 次當結果賓語，1 次當處所賓語。

> 14.天台平田普岸禪師……日居月諸，爲四眾所知，創建精
> 藍，號平田禪院焉。（T51, no.2076, p0267a16）
> 15.西京光宅寺慧忠國師……初居千福寺西禪院，及代宗臨
> 御，復迎止光宅精藍。（T51, no.2076, p0244a07）

例 14「精藍」相當於禪院，爲僧人修行、居住的場所。「精藍」是名詞當結果賓語。

例 15「光宅」指光宅寺，「光宅」與「精藍」同指，「精藍」即是光宅寺，是名詞當處所賓語。

（二）歷時考察

「精藍」是帶有佛教色彩的詞語，但不見於漢譯佛典與《祖堂集》，直到北宋的佛典、禪籍才出現。

相反地，唐代中土文獻已出現「精藍」，如唐張祐〈伊山〉：「晉代衣冠夢一場，精藍往是讀書堂。」唐鄭良士〈題鳴峰巖〉：「烟水蒼蒼鯉水南，千松萬籟障精藍。」敦煌變文〈秋吟一本〉：「如來典句，蓋不虛拈。令護命於九旬，遣加提於一月。是以共邀流輩，同出精藍，諷寶偈於長街。」

《大詞典》對「精藍」的解釋是：「佛寺、僧舍。精，精舍；藍，阿蘭若。宋高翥〈常熟縣破山寺〉詩：『古縣滄浪外，精藍縹緲間。』」本文找到的唐代例子可補《大詞典》引證較晚。

從唐代到清代的中土文獻依然保存著「精藍」，意義始終沒有改變，並且多出現於地理書。

在現代，平衡語料庫與 CCL 語料庫沒有找到「精藍」。

「精藍」是怎麼形成的呢？

梵語 saṃghārāma 音譯爲「僧伽藍摩」，節譯爲「僧伽藍」、「伽藍」，意譯爲「衆園」。寺院的別稱還有「精舍」，其原語不一，《佛光大辭典》云 saṃghārāma 可譯爲「精舍」。[37]另外，佛典還有「精廬」，亦同精舍。換句話說，「僧伽藍摩」、「僧伽藍」、「伽藍」、「精舍」、「精廬」和本節調查的「精藍」，是一組表寺院或寺廟的同義詞。

---

37 參見《佛光大辭典》第三版頁 5882「精舍」條。

筆者調查了《大正藏》所有佛典，發現「僧伽藍摩」出現 11 次，「僧伽藍」出現 833 次，「伽藍」出現 2200 次，「精藍」出現 14 次，「精舍」出現 3069 次，「精廬」出現 44 次。可見寺院的常用名稱依序是：精舍（3069 次）＞伽藍（2200 次）＞僧伽藍（833 次）＞精廬（44 次）＞精藍（14 次）＞僧伽藍摩（11 次）。

以音節或韻律來看，「精舍」、「伽藍」、「精廬」、「精藍」符合了漢語基本音步的要求，「僧伽藍」是超音步，接受度相對較低，「僧伽藍摩」是四音節，接受度亦低。簡言之，合乎韻律要求的順序是：精舍、伽藍、精廬、精藍（標準音步）＞僧伽藍（超音步）＞僧伽藍摩（四音節）。

從時代來看，「僧伽藍摩」最早見於唐代，「僧伽藍」出現在東漢，「伽藍」出現在東吳，「精藍」出現在北宋，「精舍」出現在東漢，「精廬」出現在東漢。簡言之，時代的先後順序是：精舍、僧伽藍、精廬（東漢）＞伽藍（東吳）＞ 僧伽藍摩（唐代）＞精藍（北宋）。

東漢的「精舍」、「精廬」與「僧伽藍」競爭，前二個是標準音步，意義較明朗，承載的訊息多，故容易被接受，具有優勢。論出現先後，「精舍」比「精廬」早出，《管子‧內業》已見「精舍」（表心之意），是漢語固有詞，佛典藉此指寺院，兩漢魏晉南北朝持續使用。「精廬」始見於東漢中土文獻與佛典，魏晉南北朝佛典又不多見，主要流通於唐宋佛典。換句話說，「精廬」難與「精舍」抗衡。東吳興起了「伽藍」，與先前的「僧伽藍」相比，合乎標準音步，容易被接受，使用頻率增多，但它是音譯，承載的訊息較少，使用頻率仍遜於「精舍」。

　　唐代興起的「僧伽藍摩」音節較長，且是個音譯詞，時代又晚，無法與早出的「精舍」與「伽藍」競爭。北宋興起的「精藍」雖然合乎標準音步，結構頗為新鮮，體現了漢語構詞的靈活性，但語義上缺乏新意，再加上最晚出現，無法取代常用的「精舍」與伽藍」。

　　根據前面的分析，「精藍」應是兩個常用詞「精舍」與「伽藍」的混合體，可稱為「意音混合詞」。

　　「精藍」的「精」或「精舍」的「精」同義，「精」代表什麼意思呢？根據《佛光大辭典》記載，「伽藍」為精進修行者所居，故稱「精藍」。[38]按此，「精」應是精進之意。

表 7 「精藍」的演變簡表

時代	唐代
新意	僧人修行居住的場所、寺院
結構	意音混合詞
演變機制	擷取「精舍」、「伽藍」而成

八、脫灑

（一）意義與功能

　　「脫灑」，《傳燈錄》出現 1 次，即：

　　16.僧問：「如何是脫灑底句？」師曰：「伏牛山下古今傳。」

38　參見釋慈怡主編的《佛光大辭典》第三版，頁 5885「精藍」條。

（T51, no.2076, p0253a24）

　　例 16「脫灑」，顧宏義註解爲超脫，不拘束。[39]形容詞當定語，修飾無生名詞「句」。

（二）歷時考察

　　「脫灑」，《大詞典》記載爲：「超脫、無所拘束。唐寒山《詩》之二七五：『只爲愛錢財，心中不脫灑。』」「心中不脫灑」，主語是「心中」，故「脫灑」強調內心無束縛的狀態。

　　《大詞典》「脫」的義項很多，例如：1.肉剝皮去骨，2. 離開、擺脫，3.逃遁、私走、遠離，4.赦免、解除、開脫，5.脫落，掉下，6.脫掉（穿戴的衣帽鞋襪等物），解下，7.脫漏、散落、失去。經過筆者檢覈文獻「脫」的意義後，將「脫」的核心義概括爲「去除」。[40]

　　《大詞典》「灑」的義項如：1.把水潑散開來，2.指事物播散

39　〔北宋〕道原著，顧宏義譯注：《景德傳燈錄譯注》，頁 451。

40　王雲路提到核心義不是本義、常用意義，而是由本義抽象概括而來，貫穿於所有相關義項的核心部分，是詞義的靈魂。核心義是制約詞義發展的要素。而且，一個詞只有一個核心義，只有一個核心義磁場。如何推求核心義？如果知道本義（或基本義），可以從本義出發，看它現象之後的本質、目的、途徑、過程、結果、對象是什麼？這通常是其核心義。如果不知道本義，就看諸多義項之間的內在聯繫，哪些能夠有具體義、抽象義、概括義聯繫的共有東西就是核心義。參見王雲路：〈論漢語詞彙的核心義——兼談詞典編纂的義項統系方法〉，《中古漢語論稿》，（北京：中華書局，2011 年 7 月），頁 2-3、10、45。

開來，3.指事物播散開來，4.器物傾覆，裡面盛的東西潑了出來，5.投、揮、甩開。又根據文獻「灑」的種種意義，筆者將「灑」的核心義概括爲「外散」。

「脫灑」和「灑」都是使某物脫離的動作，「脫灑」的語義與構成成分的核心義相關，兩個動詞性語素組成的「脫灑」變成形容詞，內部結構是並列式形容詞。

「脫灑」最早見於唐代，除了《大詞典》引用的寒山詩之外，還有唐慈覺〈書妙圓塔院張道者屋壁〉：「張道者，不聚徒，甚脫灑，不結遠公白蓮社。」「脫灑」出現在修行的語境，表示修行者內心的無羈絆、無束縛，由此歸納出表現「脫灑」者限定是有生名詞的人。

北宋之後的佛典裡，「脫灑」集中見於禪籍，《嘉興藏》、《卍續藏》、《大正藏》、《乾隆藏》、《中華藏》、《卍正藏》出現了 196 次。在《傳燈錄》中，「脫灑」當定語修飾無生名詞。

北宋之後的中土文獻，表現「脫灑」的人物身分擴大了，如南宋朱熹《朱子語類·論語二十六·憲問篇·莫我知也夫章》：「天又無心無腸，如何知得？孔子須是看得脫灑，始得。」表現「脫灑」的是孔子，並不限於修行者。明吳承恩（1504-1582）《西遊記》第七十二回：「你看那三個女子，比那四個又生得不同……扳凳能喧泛，披肩甚脫灑。絞襠任往來，鎖項隨搖擺。」此段描述女子踢氣毬的模樣，「脫灑」有「瀟灑」之意，但側重於外貌顯現的瀟灑，而非內在涵養的超脫。明淨倫撰《大巍禪師竹室集》出現「脫脫灑灑」，意同「脫灑」。

「脫灑」又作「脫洒」，「脫洒」見於金代王丹桂〈小重山〉：

「逍遙物外效愚蒙，眞脫洒。」南宋朱熹《朱子語類·論語十一·公冶長下·子張問曰令尹子文章》：「今人有一毫係累，便脫洒不得，而文子有馬十乘，乃棄之如敝屣然。」上述的「脫洒」均同於內心無束縛的「脫灑」。《說文解字》有「灑」無「洒」，「洒」是宋元時期的俗字，[41]「脫洒」晚於「脫灑」。

另外，還有「灑脫／洒脫」兩詞。

古籍中，「灑脫」有兩個解釋意義很接近，即：瀟灑脫俗和自由不拘。由此可見，「脫灑」與「灑脫」是逆序的同義詞，結構均是並列式形容詞。

「洒脫」是南宋的新詞，南宋葉紹翁《四朝聞見錄·高宗朝 甲集》：「沐詩文洒脫，晚著易，頗契奧旨。」「沐詩文洒脫」指李沐的詩歌、文章反映了自由自在、無束縛的心境。清廣眞《一貫別傳》曾出現「洒洒脫脫」，意同「洒脫」。

「灑脫」是明代的新詞。明陸人龍《型世言》第二十三回：「四海之內皆兄弟也。陳兄殊不灑脫？」「灑脫」表「心無羈絆」之意。明凌濛初（1580-1644）《二刻拍案驚奇》：「沈將仕道：『論來初次拜謁，禮該具服。今主人有命，恐怕反勞，若許便服，最爲灑脫。』」「灑脫」指外貌的瀟灑。另外，明代通容說，隆琦等編《費隱禪師語錄》出現「灑灑脫脫」，意同「灑脫」。

準此，論其出現的時間，「洒脫」早於「灑脫」。

令人好奇的是「脫灑／脫洒」與「灑脫／洒脫」有何關聯呢？

41　參見劉復、李家瑞：《宋元以來俗字譜》（臺北：中央研究院歷史語言研究所，1992 年 12 月景印一版），頁 50。

　　如果要比較四詞的使用頻率，晚唐五代至清代文獻中，「脫灑」出現了 126 次，「脫洒」出現 44 次，「洒脫」出現 14 次，「灑脫」出現 33 次。在現代，除了平衡語料庫出現 20 次「灑脫」（該詞在 CCL 語料庫未出現），其餘的「脫灑」、「脫洒」、「洒脫」都不曾出現於兩個語料庫。數據顯示了近代階段「脫灑」最具有競爭力，到現代卻已後繼無力。可能是受「脫灑」的影響，讓「脫洒」的競爭力位居第二，但「洒」是俗字，在保守的書面語系統中比較吃虧，故頻率遠遜於「脫灑」。同理，「洒脫」比「灑脫」少見恐怕也和俗字不登大雅之堂有關。「灑脫」雖然在清代以前無法與「脫灑」競爭，但現代卻一枝獨秀。

　　綜合上述，《傳燈錄》只有「脫灑」，而無「脫洒」、「洒脫」、「灑脫」。這四者是一群同義詞，結構是並列式形容詞，表示無羈絆、自由自在的心境，展現「脫灑」者限定是有生名詞的人，而且最早是指修行者的內心境界，後來適用的對象擴大，可以是儒者。而且「脫灑」、「灑脫」除了表內心自在的境界之外，還可表外貌姿態的瀟灑，論其語義產生的先後，就「脫灑」而言，表內心自在見於唐代，表外貌瀟灑見於明代中葉，就「灑脫」而言，兩義都見於明代晚期。看起來，「脫灑」的語義發生了引申。不過，從抽象變成具體似乎違反了「隱喻」的認知，筆者認為不盡然如此。內在的情緒或意念外顯即是行為舉止，實為一體兩面，可以透過聯想來解釋，故《傳燈錄》出現「瀟灑底句」，而我們也可以說「安安看起來很有信心」、「元元氣宇非凡」或「小志一副沮喪的樣子」。

　　字形方面，「灑」字早於「洒」，四詞的形成年代依序是：脫灑（唐代）＞脫洒（金代）＞洒脫（南宋）＞灑脫（明代）。在近

代漢語中，「脫灑」佔有優勢，但到了今天「灑脫」反而勝出。

表 8 「脫灑」的演變簡表

時代	唐代	明代
新意	內心無束縛，自由自在	外貌瀟灑
結構	並列式形容詞	並列式形容詞
演變機制	引申	

第三節　現今仍用但意義或結構改變的詞語

　　本節針對現今仍使用但意義或結構有別於今的詞語，釋其意義、語法結構或語法功能，考察對象有：「消遣」、「染指」、「化緣／緣化」。

　　所謂現今仍使用，是以平衡語料庫與 CCL 語料庫爲準，在兩個語料庫中出現，活躍於口語的詞（排除「緣化」，該詞是與「化緣」做對比）。

一、消遣

（一）意義與功能

　　「消遣」，《傳燈錄》出現 4 次，分別是：

　　　　17.人身難得，正法難聞，莫同等閑。施主衣食，不易消遣，
　　　　　　若不明道，箇箇盡須還他。（T51, no.2076, p0417c10）

18. 古人道：「但有纖毫即是塵。」且如今物象巍然地，作
麼生消遣得[42]？汝若於此消遣不得，便是凡夫境界。(T51,
no.2076, p0413b11)

19. 森羅萬象光中現，體用如如轉非轉。萬機消遣寸心中，
一切時中巧方便。（T51, no.2076, p0463b16）

例 17 的「消遣」，顧宏義譯爲消受，[43]無誤。「消遣」是動
詞當述語用。

例 18、19 的「消遣」，顧宏義說是暫爲停留、休息。[44]此解
窒礙不通，有誤。

例 18 是玄則禪師對大眾的發問，先引一句古人之說，再提出
相反現象詰問大眾，後又假設「消遣不得」，即是尚未了悟的凡夫
而已。根據文意，「消遣」爲理解之意。同理，例 19 的「消遣」
也是理解、瞭解之意。這兩例「消遣」都是動詞當述語用。

（二）歷時考察

「消」，《說文解字·水部》：「盡也。」[45]《易·泰》：「內
君子而外小人，君子道長，小人道消也。」「消」爲消失、消除之
意。故「消」的核心義爲「去除」，或說其語義徵性爲〔去除〕。

42　明代《方冊藏》無「得」。

43　〔北宋〕道原著，顧宏義譯注：《景德傳燈錄譯注》，頁 2033。

44　〔北宋〕道原著，顧宏義譯注：《景德傳燈錄譯注》，頁 1994。

45　參見〔東漢〕許慎撰，〔清〕段玉裁注：《新添古音說文解字注》，十一
篇上，頁 564。

「遣」，《說文・辵部》：「縱也。」[46]《墨子・非儒下》：「（孔子）乃遣子貢之齊。」「遣」爲派遣之意。《左傳・哀公二十五年》：「揮在朝，使吏遣諸其室。」杜預注：「難面逐之，先逐其家。」「遣」爲放逐之意。由上可知，「遣」的核心義爲「把某人或某物依指示派送、釋放」，或說其語義徵性爲〔上對下〕、〔非自主〕、〔釋放〕。

根據上述諸例及語素「消」、「遣」的分析，「消遣」的核心義爲「化解」，將某物消解化除，或說其語義徵性爲〔消化〕。消化的對象有具體與抽象之別，如例 17「消遣」的是具體衣食，例 18、19「消遣」的是抽象事理，消化具體之物相當於受用、享用、使用之意，消化抽象的事理相當於瞭解、理解之意。表消化的「消遣」結構是並列式動詞。

「消遣」最早見於唐詩，如元軫〈哭子〉：「長年苦境知何限，豈得因兒獨喪明。消遣又（不）來緣爾母，夜深和淚有經聲。」鄭谷（849-911）〈渼陂〉：「卻展漁絲無野艇，舊題詩句沒蒼苔。潸然四顧難消遣，只有伴狂泥酒盃。」鄭谷〈中秋〉：「亂兵何日息，故老幾人全。此際難消遣，從來未學禪。」上述三例「消遣」均出現在抑鬱愁苦的語境，陳述面對憂苦的境遇，該如何排解苦悶心情？要「消遣」的是煩悶的心情，其中〈渼陂〉交代了排解方法－伴狂泥酒盃。唐詩的「消遣」指消除、排解之意，動詞當述語。

唐詩的「消遣」未接賓語，到了宋代，「消遣」可接受事賓語，

---

46 參見〔東漢〕許慎撰，〔清〕段玉裁注：《新添古音說文解字注》，二篇下，頁73。

如北宋王令（1032-1059）〈讀白樂天集〉：「屏除憂憤歸禪寂，消遣光陰在酒醺。」「消遣光陰」即消磨時間之意。

　　《祖堂集》未見「消遣」。《傳燈錄》的「消遣」對象和唐詩不同，後者是消遣煩悶情緒，《傳燈錄》是消遣具體衣食與抽象事理。隨著「消遣」對象有別，語義亦殊，唯核心義終不離「化解」。

　　表戲弄之意的「消遣」在宋元時期出現了。如《京本通俗小說·西山一窟鬼》：「王七三官人口裏不說，肚裏思量：『吳教授新娶一個老婆在家不多時，你看我消遣他則個。』」元施耐庵（1296-1372）《水滸傳》第三回：「鄭屠笑道：『卻不是特地來消遣我！』魯達聽罷，跳起身來，拏著那兩包臊子在手裏，睜眼看著鄭屠說道：『洒家特的要消遣你！』」此二例的「消遣」為動詞，後接表人的受事賓語。此處的「消遣」顯然不是消化某人、除去某人之意，另有言外之意。據語境，王七三官人心中打著鬼主意要消遣吳教授，也就是想捉弄他之意；魯達點了十斤精肉，再要十斤肥肉，最後又點十斤寸金軟骨，讓鄭屠忙了許久，鄭屠自知魯達不是好惹的傢伙，只好自我解嘲說：「這是故意要消遣我？」魯達聽罷便動怒了，表態說是故意要消遣鄭屠，故「消遣」即捉弄、戲弄之意。

　　名詞的「消遣」在清代出現，如韓邦慶（1856-1894）《海上花列傳》第五十一回：「兩人嘿嘿相對，沒甚消遣。」《世宗憲皇帝實錄》，卷151〈雍正十三年正月〉：「斷不肯別尋無益之消遣，以致縱欲敗度。」上述兩例「消遣」指做某些活動來消煩解悶或打發時間。名詞的「消遣」著重在以「何種活動」來達到消遣，是動詞「消遣」的轉指。

　　《大詞典》的「消遣」有兩個義項：1.用自己感覺愉快的事來

度過空閒時間；消閒解悶。2.戲弄；捉弄。此二義正是現代所用「消遣」之意。平衡語料庫的「消遣」出現 39 次，有 29 次是義項 1，有 10 次是義項 2。義項 1 的「消遣」仍保存核心義「化解」，只不過現代「消遣」的對象是時間或情緒，《傳燈錄》「消遣」衣食、事理的用法已不見於今。

　　要進一步深究的是，爲何「消遣」的對象是煩悶抑鬱的情緒，或多餘的、無聊的時間，甚至演變到後來，「消遣」某人即是捉弄某人呢？筆者認爲這與語素「消」、「遣」有關。

　　《大詞典》蒐集了許多「消～」，均不離「消」的核心義。按照常理，被去除者多是施事者認爲不好的、不利的、不討喜的，如消氣、消災、消毒、消患、消帳、消暑、消愁等等。有趣的是，表享用的「消」經常出現在否定語境，而非肯定語境。如「難消」，陳代陳叔寶（553-604）〈獨酌謠〉：「獨酌謠，獨酌酒難消。」「酒難消」意即酒難以享用。又如「消不得」，唐白居易（771-846）〈哭從弟〉：「一片綠衫消不得，腰金拖紫是何人！」「消不得」意即受用不得、受用不到。又如「沒福消～」，元喬吉（1280-1345）《金錢記》第一折：「沒福消軒車駟馬，大纛高牙。」「沒福消軒車駟馬」意即無福享受軒車駟馬。

　　《大詞典》蒐集了許多「遣～」，亦不離「遣」的核心義。「遣」是把某人或某物依指示釋放，早期被「遣」的對象以人物爲主，受事者被動接受動作。從中性的派遣某人（如《墨子·非儒下》），到帶有因不受施事者喜愛或其他因素，某人遭致遣流、遣送（如《左傳·哀公二十五年》）。最後，被「遣」的對象放寬了，但仍是施事者不喜歡的情緒、氣候、無聊的時光，如遣悶、遣愁、遣情、遣

暑、遣日等等。

受到構詞語素的影響，表去除、受用的「消遣」對象多爲施事者主觀上不喜歡、不愉快、不想要、難以享用的事物。同理，當「消遣」的對象是人時，此人即是施事者不喜歡的人，只好藉由挖苦、捉弄排除不悅的心情，故「消遣」某人意即戲弄某人。反過來說，表戲弄的「消遣」對象限定是人，不能是動物或無生物。《傳燈錄》「萬機消遣寸心中」的「萬機」是統稱，是中性名詞，無所謂不好、不討喜、不想要的意涵，「消遣」是瞭解之意。這種用法與「消」、「遣」的語義色彩相左，不是常見用法，因之，表瞭解的「消遣」數量不會太多。

「消遣」的演變過程約略是：意義上，始終圍繞著核心義「化解」，隨著對象不同，語義有別。對象若是具體物，則表享用、受用；對象若是事理，則表瞭解、理解；對象若是情緒，則表消除、排解；對象若是時間，則近於打發。所以「消遣」的變化合乎從具體到抽象的演變趨勢，屬「隱喻」機制的作用。表戲弄的「消遣」，其受事賓語限定是人，「消遣」某人帶有開玩笑性質，也是「隱喻」的作用。

根據《大詞典》的蒐羅，不難發現「消」、「遣」有類似的組合關係，表達相同的意思，如「消暑／遣暑」，「消愁／遣愁」、「消日／遣日」，這些組合的「消」與「遣」屬同義詞。許多雙音節並列式複合詞有逆序現象，如「謹慎／慎謹」（見《荀子·仲尼》）、「疾病／病疾」（見《墨子·天志中》），又如前面提到的「脫灑

／灑脫」、「脫洒／洒脫」。[47]筆者發現文獻只有「消遣」，沒有「遣消」，爲什麼呢？

該問題可分成兩層次來看，第一，「遣消」從未產生過。第二，「遣消」曾經存在，後來消失。如果是第一種，張巍提到產生同素逆序形式的先決條件是詞彙內部機制，包含：1.顛倒後不會影響表達，不會產生誤會。2.兩個構詞語素在單用時是基本詞彙，容易形成同素逆序形式，兩個語素愈接近愈易顛倒。[48]「消」、「遣」可能不屬於基本詞彙，所以不易形成逆序。若是第二種，也許和語音的調序有關，[49]古漢語的「消」爲平聲，「遣」爲去聲，先平後仄的「消遣」合乎調序原則，「遣消」不合原則，故無法保留下來。不過，調序僅供參考，還是有違反調序的詞基於其他原因依然留下了。由於目前缺乏證據證明「遣消」曾經存在，僅能暫時存疑了。

---

47 古漢語有許多同素逆序詞，詳見張巍：《中古漢語同素逆序詞演變研究》（上海：上海古籍出版社，2010 年 3 月），頁 24-84。

48 參見張巍：《中古漢語同素逆序詞演變研究》，頁 247。

49 參見丁邦新：〈國語中雙音節並列語兩成分間的聲調關係〉，《中央研究院歷史語言研究所集刊》 39 本下冊（1969 年），頁 155-173。丁邦新：〈論語、孟子及詩經中並列語成分之間的聲調關係〉，《中央研究院歷史語言研究所集刊》47 本 1 分（1975 年 12 月），頁 17-52。

表9 「消遣」的演變簡表

時間	唐代	北宋	宋元	清代
新意	消除 （情緒）	受用（具體物） 理解（事理） 打發（時間）	戲弄 （人）	做某些活動 來消煩解悶 或打發時間
結構	並列式動詞			並列式名詞
演變機制	隱喻、轉指（動詞→名詞）			

二、染指

（一）意義與功能

「染指」，《傳燈錄》出現2次，如：

20.越州諸暨縣越山師鼐，號鑒真禪師，初參雪峯而染指，
　　後因閩王請於清風樓齋。（T51, no.2076, p0356a11）

21.（清稟禪師）初詣南嶽，參惟勁頭陀，未染指。及抵韶
　　陽，禮祖塔，迴造雲門。（T51, no.2076, p0390a22）

例20、21的「染指」是比喻用法，袁賓與顧宏義均認為是指
稍涉禪意而未深得禪法妙旨，[50]動詞當述語用。

50　參見袁賓編著：《宋語言詞典》（上海：上海教育出版社，1997年11月），
　　頁235。〔北宋〕道原原著，顧宏義譯注：《景德傳燈錄譯注》，頁1421-1422、
　　1752。

（二）歷時考察

「染指」，典出《左傳・宣公四年》：「楚人獻黿於鄭靈公，公子宋與子家將見，子公之食指動，以示子家，曰：『他日我如此，必嘗異味。』……及食大夫黿，召子公而弗與也。子公怒，染指於鼎，嘗之而出。」故事提到靈公故意不讓公子宋吃美味的黿肉，公子宋一氣之下用手指沾鼎內的黿羹來吃，「染指」是以手指沾物之意。縱然我們知道公子宋是用手指沾「鼎內的黿羹」，不過，行文是作「染指於鼎」，「於鼎」屬介賓結構，用以引介處所。「染指」的核心義是「接觸」，或說語義徵性為〔接觸〕與〔工具〕，為述賓式短語。

《祖堂集》未見「染指」，《傳燈錄》出現 2 次。「染指」原是以指沾染，禪籍用其比喻義，喻為淺嘗法義而已。該用法亦見於《宋高僧傳》。

在元代史書中，「染指」有了不同的意義，《元代奏議集錄・郝經・班師議》：「西域諸胡窺覦關隴，隔絕旭烈大王；病民諸姦各持兩端，觀望所立，莫不覬覦神器，染指垂涎。」「染指」、「垂涎」都是譬喻，「染指」意即想分一杯羹，而且是指分取非分、不當的利益。「染指」的對象是出現於前的「神器」，《大詞典》引明陶宗儀《輟耕錄》為例，書證較晚。

在元代文集中，「染指」可表接觸、學習之意。如元耶律楚材（1190-1244）《湛然居士文集》的〈屏山居士金剛經別解序〉：「昔予與屏山同為省掾，時同僚譏此書，以為餌餛飩之具。予尚未染指於佛書，亦少惑焉。」「染指於佛書」猶言接觸佛書，也就是

學習佛書。語法上，此處的「染指」與「染指於鼎」不同，「染指於鼎」的「鼎」表裝黿羹的容器（視爲處所），公子宋要沾的對象是「黿羹」，而不是「鼎」，而「染指於佛書」的「佛書」則是對象。明薛岡《天爵堂筆餘》：「七言律法度貴嚴，紀律貴整，音調貴響，不易染指。」「不易染指」猶言不容易接觸、學習，「染指」的對象七言律與「莫不覬覦神器，染指垂涎」一樣，出現在前面。

　　現代的「染指」常見之意是：1.分取不當利益，2.接觸。此二義與古漢語相同，唯一有別的是表接觸的「染指」可分爲正向的接觸與負面的接觸。CCL 語料庫有數百例「染指」，正向意義者如：「奧運會帆板項目的最後一輪比賽，股劍必須力爭進入前三名才有希望染指金牌。」「染指金牌」猶言贏得金牌。又如「他幾乎每年都有一兩本作品問世，起初專寫短篇小說，隨後又染指劇本。」「染指劇本」猶言接觸劇本，涉及劇本。負面接觸是指不應該接觸卻接觸了，如「俄重申對『境外近鄰』事務有干預權利和義務，反對他人染指其『內部事務』。」對俄國來說，內部事務是其他國家不應該接觸的。類似的負面接觸還有「染指毒品」、「染指賭博活動」、「染指污穢」、「染指凡塵」、「染指許小妹」、「染指殘次品」、「染指他人之妻」等等。

　　平衡語料庫的例證較少，只出現 3 次「染指」，1 次爲分取不當利益，例略。2 次是負面的接觸，如「有魅力的女性，在外遇流行的趨勢下，也是工作職場中容易被染指的對象。」「被染指」指不正當的接觸，導致有魅力的女性成爲受害者。再如「西部的礦源已是床頭金盡，無情的水泥業者當然移情別戀，染指東部。」此段利用轉化法，將礦源與水泥業者之間的關係看成男女關係，「染指

東部」意味不當地開挖東部的礦源。

　　附帶一提，CCL 語料庫蒐羅的資料以中國作家作品爲主，其中「染指金牌」、「染指劇本」、「染指丹青」等用法與臺灣有別。筆者搜尋 Google 臺灣網站、報紙、雜誌知識庫，絕大多數的「染指」對象是女人，意即不正當地侵害女子，還有少數是指勢力深入某些地方，企圖分取利益。簡言之，臺灣人所用的「染指」傾向負面、不當的接觸，兩岸的「染指」用法存在差異。

　　語法上，「染指」也有變化。《傳燈錄》「染指」的賓語是隱沒的，必須讀者意會；元代史書的「染指」後面雖未出現賓語，但語義指涉的對象在前；元代文集的「染指」後面可出現賓語，但須以介詞引介；現代「染指」的受事賓語已經不需介詞引介了。

　　有趣的是，爲何受染指的事物或利益有時會帶有「少量有限」或「不當」的意涵呢？

　　筆者推測這與原先的典故有關。《左傳》「染指於鼎」的部位侷限於手指，手指的體積有限，能沾染的黿羹有限，由後來靈公想殺死公子宋，可知當時公子宋「染指於鼎」是極爲不當、有失禮儀、逾越本分的行爲。後代以「染指」進行隱喻時，附加的「有限」、「不當」義依然保留，但這兩個附加義不一定同時出現，例如禪宗的「染指」是淺嘗法義，而非深刻悟道，「有限」義保留，「不當」義隱去。「染指」利益時強調的是非分、不應得，而非側重數量的多寡，故「不當」義出現，而「有限」義隱去。

　　「染指」的演變過程是：意義上，由具體的以指沾染某物，通過「隱喻」機制，語義徵性〔接觸〕保留，憑藉之〔工具〕消失，變成無實體、抽象的接觸，如《傳燈錄》的接觸禪法，史書的接觸

利益並分取之，文集的接觸事物、學習事物，現代漢語中，「染指」還分為正向的接觸或負面的接觸。

結構上，表以指沾染的「染指」是詞面義的簡單相加，屬述賓式短語，「指」是工具賓語。表淺嘗法義等較為抽象的「染指」，語義不再是簡單的詞面義相加，可見已通過「重新分析」，凝固成詞了。

表 10　「染指」的演變簡表

時間	先秦	北宋	元	現代
新意	以指沾染	淺嘗法義	分取利益接觸、學習	分取利益接觸（正向、負面）
結構	述賓式短語	述賓式動詞	述賓式動詞	述賓式動詞
演變機制	隱喻、重新分析			

三、化緣／緣化

（一）意義與功能

「化緣」與「緣化」的構成語素相同，互為逆序。「化緣1」，《傳燈錄》出現 10 次，如：

22.尊者付法已，即辭王曰：「吾化緣已終，當歸寂滅。」
（T51, no.2076, p0216a15）

23.（慧寂）暨受潙山密印，領眾住王莽山，化緣[51]未契，遷止仰山，學徒臻萃。（T51, no.2076, p0282a28）

例 22「化緣已終」指教化的因緣已經終了，「化緣」是名詞當主語。

例 23「化緣未契」即教化的因緣不契合，仍是名詞當主語。

另外，《傳燈錄》出現 2 次「緣化2」[52]：

24.唐永徽中，徒眾乏糧，師往丹陽緣化，去山八十里，躬負米一石八斗，朝往暮還，供僧三百。（T51, no.2076, p0226c26）

25.有住菴僧緣化什物。甘曰：「若道得即施。」（T51, no.2076, p0279b07）

例 24、25「緣化」是隨緣勸化，向人求布施之意，[53]而且是求具體的財施（米糧、什物）。「緣化」是動詞當述語用。

51　明代《方冊藏》作「緣化」。

52　袁州仰山慧寂禪師的「化緣未契」，明代《方冊藏》作「緣化」，不列入計算。

53　釋慈怡主編的《佛光大辭典》第三版，頁 1901：「布施，梵語 dāna，巴利語同。音譯為檀那、柁那、檀。又稱施。……即以慈悲心而施福利與人之義。蓋布施原為佛陀勸導優婆塞等之行法，其本義乃以衣、食等物施與大德及貧窮者；至大乘時代，則為六波羅蜜之一，再加上法施、無畏施二者，擴大布施之意義。」

（二）歷時考察

首先，討論「化緣」的發展，「化緣」分為「化緣1」與「化緣2」。

「化緣1」最早見於東吳譯經，支謙《撰集百緣經》：「有佛出世，號毘婆尸，遊行諸國，化緣周訖，遷神涅槃。」（T04, no.0200, p0236c03）此處的「化緣」在《正倉院聖語藏本》作「教化」，故「化緣1」意即「教化」。

姚秦鳩摩羅什（334-413）譯《佛說首楞嚴三昧經》：「為欲教化因緣眾生，示入涅槃。」（T15, no.0642, p0642a26）又，隋闍那崛多譯《佛本行集經》：「現在在彼教化有緣。」（T03, no.0190, p0857a18）「教化因緣眾生」和「教化有緣」相當，即教化眾生之意，因此，「化緣1」可能是教化有緣的節縮，結構是述賓式。

隋代時，「化緣1」的「緣」除了當有緣解之外，語義發生變化，見隋智顗《妙法蓮華經文句》：「聞諸大士化緣未熟，…若所化緣熟，則素絲易染，池花早開。」（T34, no.1718, p0016b15）「化緣未熟」、「化緣熟」，意思是教化因緣未成熟／已成熟，「緣」只能解成因緣，而不是有緣之意。

《大詞典》引唐玄奘《大唐西域記》為例，提到「化緣1」是「教化的因緣。佛教謂佛、菩薩因有教化眾生的因緣而來到人世，因緣盡了即離去。」事實上，此義比較晚出，六朝譯經的「化緣1」是教化有緣之意。

唐代變文、詩歌亦有「化緣1」，唯《十吉祥講經文》：「千道光明遞邐照，幾條明焰色如霜。化緣菩薩出於世，所以名為妙吉

祥。」「化緣」充當定語用。《祖堂集》出現 33 次「化緣 1」，通常作「未睹行錄（狀），不決化緣終始」，意即沒有看到記載禪師生平事蹟的行狀，不清楚教化的始末、過程。[54]

　　簡而言之，「化緣 1」的「緣」早期是有緣之意，隋代可當因緣解，兩解並不衝突。

　　接著，來看「化緣 2」的發展。

　　吳支謙《撰集百緣經》還有一篇故事名爲〈須達多乘象勸化緣〉，該篇有：「如我今者，財富無量，雖以祇桓精舍百千金錢布施佛僧，不足爲難；今若勸化貧窮下賤，減割針縫而用布施，乃名爲難，復得無量無邊功德。」（T04, no.0200, p0230b23）故事名爲「勸化緣」，根據故事情節「勸化」爲勸化某些人行布施，不過，「勸化緣」的結構是「勸化｜緣」，雖然不等於「化緣 2」，但透露了「化緣 2」的「化」表勸化之意。

　　唐般若譯《大方廣佛華嚴經》記載「化緣勾當」的職稱，如平江路化緣勾當孝慈院僧明政、廣濟院僧如源、資福院僧如輝等人。「勾當」執掌寺內庶務，「化緣勾當」指負責向外求布施的僧人。可見「化緣 2」至少在唐代已經形成，指勸化有緣，以求布施。

　　特別的是佛教典籍所見「化緣」多爲「化緣 1」，勸化求布施的「化緣 2」多見於外典（小說、筆記、史書），例如南宋周密（1232-1298）《癸辛雜識・東遷道人》：「有道人結茅岸傍，備水飲，以施行者，化緣募鑄觀音銅像，積久乃成。」此段記載道人

54　李豔琴等亦曾討論過「緣化／化緣」。參見李豔琴、郭淑偉、嚴紅彥：《祖堂集、五燈會元校讀》（成都：巴蜀書社，2011 年 11 月），頁 92-93。

向人募集錢財鑄造菩薩像之事。

「化緣2」的施事主語有特定對象，指僧徒、道士向人勸化布施，後來也用於一般人求布施，如明馮夢龍（1574-1646）《三遂平妖傳》第七回的婆子化緣，明馮夢龍《警世通言‧白娘子永鎮雷峰塔》的書生許宣化緣，不過這只是少數而已。再者，婆子在求道的情境化緣，許宣化緣爲了砌寶塔放明盂（內有白蛇和青魚），可見所謂一般人求布施仍與佛、道有關。

「化緣」是佛典常用詞，《大正藏》出現了300次。有關「化緣1」與「化緣2」的後續發展，「化緣1」一直沿用至清，民國以後消失，「化緣2」雖然比「化緣1」晚出，但延續至今，現代的「化緣」都是「化緣2」，如平衡語料庫出現5次「化緣」，均是「化緣2」，CCL語料庫未見「化緣」一詞。

再來看「緣化」的發展，「緣化」亦分成兩種，即「緣化1」與「緣化2」。

「緣化1」最早見於六朝譯經，如姚秦竺佛念譯《十住斷結經》：「童眞菩薩常與一生補處菩薩以爲朋友，隨侍遊觀佛土清淨，選擇極妙最上佛土，志存盛好施爲佛事。第八菩薩逮得自在，從其緣化，靡不周遍。」（T10, no.0309, p0983b17）此處的「緣化」之意接近早期「化緣1」，爲隨緣教化之意。

《祖堂集》未見「緣化」，《傳燈錄》則出現2次，均是求布施的「緣化2」，是目前所能找到最早的出處。

外典的資料如類書，北宋李昉（925-996）等編《太平廣記》（978），卷180〈報應七‧蔡州行者〉：「命髡髮負鉗，緣化財物，造開元新寺。」如政書，清徐松（1781-1848）輯錄之《宋會

要輯稿·禮二·山川祠》：「袁州仰山廟宇破損，州民緣化錢一二千貫，即無主領，望委本州曹官管勾修蓋，量差兵匠應副。」如筆記，南宋洪邁（1123-1202）《夷堅志》（1174），卷 12〈真州異僧〉：「泗州有箇張和尚，緣化錢修外羅城。」上述「緣化 2」都是隨緣勸化，向人求布施之意，而且是求財施（金錢），動詞當述語，「緣化 2」的目的是爲了修築寺廟或外羅城（城外的大城）。

根據筆者的查考，「緣化 1」或「緣化 2」的出現頻率始終偏低，《大正藏》僅出現 85 次，或分屬不同小句，如「以如是因緣，化度無量阿僧祇衆生」、「爲欲隨緣，化衆生故」；或作「隨緣化衆生」、「隨緣化導」、「隨緣化度」、「隨緣化物」等等，實際爲一個單位者僅 23 次。不過，從這些例子之意推知「緣化 1」和「緣化 2」的結構是狀中式短語。

現代已不見「緣化 1」和「緣化 2」，筆者在平衡語料庫與 CCL 語料庫都沒有找到該詞。

綜合前述，表教化有緣的「化緣 1」最早見於東吳譯經，結構是述賓式動詞，「緣化 1」出現於姚秦譯經，因爲頻率低，將其結構保守視爲狀中式短語，表隨緣教化之意。隋代「化緣 1」的「緣」除了有緣之外，還可理解爲因緣，結構從述賓式動詞轉成定中式名詞。

表求布施的「化緣 2」至少在唐代已經形成，「化」表勸化之意，詞意是勸化，以求布施，屬述賓式動詞。「緣化 2」最早見於北宋《傳燈錄》，指隨緣勸化，以求布施之意，屬狀中式短語。

「化緣」的「緣」有兩解：有緣和因緣，「緣化」的「緣」只能理解爲因緣，不能理解爲有情，否則結構就說不通了。「緣化」

是「化緣」的逆序詞，但「緣化」無法與「化緣」競爭，「化緣」是常用詞，「緣化」卻通常不是一個單位。今天只剩下「化緣2」，而「化緣1」、「緣化1」、「緣化2」都消失了。

　　「化緣1」由教化有緣演變成教化的因緣，再變成勸化有緣求布施，意義發生變化，結構亦重新分析了。教化有緣的內容很多，六度的「布施」是其一，因此，「化緣1」到「化緣2」可看成訓詁學所謂的詞義縮小。同理，「緣化1」到「緣化2」也是詞義縮小。

表11 「化緣／緣化」的演變簡表

時間	東吳	姚秦	隋代	唐代	北宋
意義	化緣1：教化有緣	緣化1：隨緣教化	化緣1：教化的因緣	化緣2：勸化有緣，以求布施	緣化2：隨緣勸化，以求布施
結構	述賓式動詞	狀中式短語	定中式名詞	述賓式動詞	狀中式短語
演變機制	「化緣1」由教化有緣變成教化的因緣，再變成勸化有緣求緣求布施，結構發生重新分析。 「化緣1」到「化緣2」，「緣化1」到「緣化2」為詞義縮小。				

第四節　結語

　　本章研究《傳燈錄》的兩類詞語：1.現今不用或罕用的「腳手」、

「舉」組詞語（如「舉唱」、「舉問」、「舉似／舉示」）、「過量人」、「影堂」、「精藍」、「脫灑」，這些詞語在禪籍與其他文獻中有差異。2.現今仍用但意義或結構改變的「消遣」、「染指」、「化緣／緣化」。

為求篇幅的精簡，結語僅作重點式統整。

梁代的「腳手」指腳與手，晚唐五代出現角色的意義，南宋出現暗中採取行動之意，明代出現手下、屬下之意，短語「腳手」通過「轉喻」，發生重新分析，凝固成名詞。《傳燈錄》的「腳手」指角色，富有禪宗色彩，不見於外典。在現代，北方的普通話、國語沒有指角色的「腳手」，南方的閩南語還保留了「腳手」。

《傳燈錄》的「舉唱」是稱說之意，結構是並列式動詞。表稱說的「舉唱」在晚唐五代已經出現，明代新生了歌頌、吟詠、歌唱之意，結構不變，意義發生引申。

《傳燈錄》的「舉問」是舉某事詢問之意，最早見於唐代佛典。結構是連動式短語。《禪宗大詞典》提到「舉問」是舉說公案並提出問題，是禪家問話的一種形式。《祖堂集》之後的禪籍大量出現「舉問」，經過重新分析，凝固為連動式動詞。

《傳燈錄》的「舉似」是說某事給某人聽之意，最早見於《祖堂集》。由於「舉」為說之意，「似」為「給與」之意，為連動式動詞。後來「似」的詞彙意義逐漸磨損，內部的結構趨於不明。

「舉示」的常用義是舉起示之，隋代出現言說義。因為頻率低，將之視為並列式短語。比較起來，言說義的「舉似」和「舉示」是同義詞，前者頻率遠高於後者。

《傳燈錄》的「過量人」指通達傑出之人。最早見於唐代佛典，

是定中式短語，後來大量出現在禪籍。禪籍的「過量人」是美稱，具有濃厚的佛教色彩。其中，禪籍中「過量」當定語修飾名詞多為讚揚的美稱，如「過量見」、「過量才」等等。偶有貶義，如「過量床」。

《傳燈錄》的「影堂」指禪師圓寂後供奉肖像或遺物之處。最早見於唐詩與佛經的校勘，北宋之後經常出現於佛典與禪籍。後晉《舊唐書》的「影堂」為祖廟之意。可見「影堂」的詞義發生引申，結構沒有改變，都是定中式名詞。

《傳燈錄》的「精藍」指僧人修行居住的場所、寺院。最早見於唐詩與敦煌變文。梵語 saṃghārāma 曾譯為「精舍」、「伽藍」、「僧伽藍」、「精藍」、「僧伽藍摩」。筆者認為「精藍」是常用詞「精舍」與「伽藍」的混合體，稱為「意音混合詞」

《傳燈錄》的「脫灑」是指內心無束縛，自由自在。最早見於唐詩，出現於修行的語境，表示修行者內心不受拘束。北宋之後的佛典裡，「脫灑」集中見於禪籍。甚至到南宋的中土文獻，表現「脫灑」的人可以是儒者。明代中葉，「脫灑」還可表外貌瀟灑。結構上不變，都是並列式形容詞，但詞義發生引申。除了「灑」的俗字是「洒」，故與「脫灑」同義的還有「脫洒」、「洒脫」、「灑脫」，在古漢語中，「脫灑」佔有優勢，在現代漢語中，「灑脫」比較常見。

《傳燈錄》的「消遣」為消受或理解之意。「消遣」最早見於唐詩，為消除之意。表戲弄之意在宋元的小說中出現，這兩種「消遣」的結構都是並列式動詞，清代小說出現名詞的「消遣」，表示做某些活動來消煩解悶或打發時間。「消遣」的演變機制包含「隱

喻」與「轉指」。

　　《傳燈錄》的「染指」指淺嘗法義。先秦的「染指」是述賓式短語，表以指頭沾染某物，典出《左傳》，語義上經過「隱喻」，結構上發生「重新分析」，凝固成述賓式動詞，語義轉變成抽象的接觸，可能是接觸禪法，接觸利益並瓜分，接觸學習事物。現代的「染指」分為正向或負面的兩種。另外，「染指」有兩個附加義：「不當」與「有限」，會隨著不同的語境而隱現。

　　《傳燈錄》的「化緣1」指教化的因緣，「緣化2」指隨緣勸化，向人求布施，而且是求財施。表教化眾生的「化緣1」出現於東吳譯經，表教化的因緣之意出現在隋代，結構發生重新分析，從述賓式動詞轉為定中式名詞。表勸化有緣求布施的「化緣2」出現於唐代，是述賓式動詞。「緣化」是「化緣」的逆序詞，「緣化1」和「緣化2」都是狀中式短語。「化緣1」到「化緣2」，「緣化1」到「緣化2」是詞義縮小。整體而言，「化緣」多於「緣化」，現今只存「化緣2」。

第三章　名詞類「煩惱」同義詞考辨

　　同義詞（synonyms）是普遍存在的語言現象，是指單一義位相同且詞類相同的詞群。既然名爲同義詞，表示彼此之間的共性居多。儘管如此，同義詞內部仍是有細微的區別。因此，同義詞的研究除了指出共同的義位之外，更重要的是明察差異。

　　本章以《傳燈錄》的名詞類「煩惱」同義詞爲討論對象，包括「惱」、「漏」、「塵」、「垢」、「惑」、「纏」、「煩惱」、「客塵」、「塵勞」等等。以單音詞爲依據，劃歸六組討論，分別是：「惱」、「漏」、「塵」、「垢」、「惑」、「纏」。雙音詞則依其所含單音語素，併入單音詞組。

　　本章運用三個平面的理論，從語義、語法、語用尋求「煩惱」同義詞之間的微別。語義是同義詞最重要的區別特徵，主要是區分理性意義的差異。語法層面主要觀察構詞能力、搭配關係、是否單用爲句子成分、充當何種句法成分。語用層面是詞語在使用當中產生的差異，強調附加意義和表述限定的區別。

第一節 前言

同義詞是語義學的術語，是語言中普遍存在的現象。中國的先秦典籍已經出現同義詞的說明，例如《左傳·文公三年》：「莊叔會諸侯之師伐沈，以其服於楚也。沈潰。凡民逃其上曰潰，在上曰逃。」「潰」、「逃」都是逃亡之意，但對象有別。《孟子·滕文公上》：「夏曰校，殷曰序，周曰庠，學則三代共之。」「校」、「序」、「庠」、「學」爲歷代學校的異稱詞。先秦的材料較爲零散，不是針對詞義本身作探索，經常帶有思想觀點或政治評價，但至少已經對同義詞有所認識，意即：1.詞與詞之間有同義關係，2.同義詞之間存在些微差異。

漢代《爾雅》除了是一本百科全書式詞典之外，該書按義類聚，多詞同訓，以一義構成同義關係，通異名辨通別，其部分內容可說是最早的同義詞詞典。[1]揚雄《方言》的多詞同訓和通異名，可視爲方言的同義詞詞典，東漢許慎《說文解字》的同義直訓和「一曰」，亦累積許多同義詞材料。

清代是訓詁學研究的全盛期，同義詞的討論有比較明顯的進步。例如段玉裁《說文解字注》，創立「渾言／析言」分辨同義詞，「渾言」指籠統地說，強調詞的共同點，「析言」是分別地說，強調詞的特點。

19世紀50年代，呂叔湘、朱德熙《語法修辭講話》談到同義

1　參見黃金貴：《古漢語同義詞辨識論》（上海：上海古籍出版社，2002年8月），頁202-226。

詞分辨問題，帶動了研究風氣，80 年代快速累積一些成果，根據周荐統計，截至 90 年代初，發表的論文有一百多篇，工具書、專著有數十部。[2]但這些成果集中在現代漢語的同義詞。古漢語同義詞部分，據黃金貴統計《語言文字學》的收錄，自 1978 年以來有150 篇以上，專著超過 15 部。[3]

筆者調查「中國期刊全文數據庫」1994 年至 2013 年「文史哲」下的「中國語言文字」論文，篇名有「同義詞」者有 358 篇。「中國學位論文全文數據庫」中，語言文字類學位論文篇名有「同義詞」者，漢語方面有 61 本，語言學方面有 4 本，範圍遍及現代漢語、古代漢語，細部來分有斷代、專書的研究。特別是專書的成果豐碩，涵蓋了經史子集，《周易》、《尚書》、《詩經》、《老子》、《論語》、《孟子》、《荀子》、《韓非子》、《晏子春秋》、《史記》、《爾雅》、《說苑》、《鹽鐵論》、《新書》、《漢書》、《潛夫論》、《論衡》、《三國志》、《搜神記》、《魏書》、《顏氏家訓》、《宣室志》、《論語正義》、段玉裁《說文解字注》等等，還有漢譯佛經如《修行道地經》、《生經》。[4]

臺灣方面，在「臺灣期刊論文索引系統」中，學術性論文篇名有「同義詞」者共 13 篇，1 篇談《爾雅·釋詁》，1 篇談《東籬樂

2　參見周荐：《同義詞語的研究》（天津：天津人民出版社，1991 年 8 月）。

3　參見黃金貴：《古漢語同義詞辨識論》，頁 5。

4　「中國期刊論文數據庫」網址：

　　http://cnki50.csis.com.tw/kns50/Navigator. aspx?ID=CJFD。

　　「中國學位論文全文數據庫」網址：

　　http://c.g.wanfangdata.com.hk/Thesis.aspx。查詢日期：2013.3.22。

府》。「臺灣博碩士論文知識加值系統」篇名有「同義詞」的學位
論文有 15 本，8 本是從資訊、網路的角度討論同義詞的辨識、擷
取與學習，其餘是討論語義差異，雙語兒童學習，或閩南語、客家
話同義詞。[5]

　　雖然這只是不完全的統計，還有些同義詞的討論散見於他文，
但大抵已看出中國對古漢語同義詞做出較多的成績，臺灣則關注較
少，還有待開發。

　　專書研究是斷代研究的基礎，斷代研究又是漢語史研究的基
礎。整體來說，雖然專書的同義詞已經積累相當數量，但距離建構
斷代的詞彙史，甚至是整個漢語詞彙史仍然不足，特別是漢文佛典
的同義詞，只有三本學位論文做了較深入探討，杜曉莉研究《傳燈
錄》同義名詞，其中有煩惱類，不過，她沒有嚴格區分詞類，有些
例子不是名詞，再者，也沒有深入考察。[6]楊紹安分析西晉竺法護
《修行道地經》的 18 組同義詞，與吳碧雲調查西晉竺法護《生經》
的 150 組同義詞，名詞同義詞有 41 組，動詞同義詞有 85 組，形容
詞同義詞有 24 組，吳碧雲找到的同義詞數量眾多，只有部分例子
展開論述，煩惱類的惱患、憒惱、憂患、憂、患只有陳列，沒有討
論。[7]

5　「臺灣期刊論文索引系統」網址：http://readopac.ncl.edu.tw/nclJournal/。
　　「臺灣博碩士論文知識加值系統」網址：http://ndltd.ncl.edu.tw/cgi-bin/
　　gs32/gsweb.cgi/ccd=UmUc3Z/webmge?Geticket=1。查詢日期：2013.3.22。
6　有關杜曉莉論文的問題，請見第一章第三節。
7　參見杜曉莉：《《景德傳燈錄》同義名詞研究》（成都：四川大學碩士論
　　文，雷漢卿先生指導，2003 年 3 月），頁 52。楊紹安：《《修行道地經》

　　按理而言，專書研究宜採窮盡式探索，囿於時間與精力，本章抽繹《傳燈錄》一組同義詞來引玉。人世間有不計其數的煩惱苦累，佛陀教導世人止息憂惱，達到身心輕安，故佛經有許多關於煩惱的詞語，這批詞反映了佛教文化，以往中土文獻的專書研究鮮少提及，因之，本章以名詞類的「煩惱」同義詞為對象，從語義、語法、語用三個平面，辨析彼此的微異。

第二節　同義詞的基本問題

　　本節談的基本問題有三：1.同義詞的界定，2.古漢語同義詞識同方法，3.古漢語同義詞辨異方法。[8]

一、同義詞的界定

　　同義詞界定是個老問題，相關的討論多如牛毛，意見紛歧之餘，也漸漸凝聚共識。所謂同義詞的界定，涉及了意義與詞類，甚至還有時代問題。由於界定是無法迴避的根本，但非我們的焦點，筆者不想在此著墨過多，僅挑選同義詞的定義、詞類、共時範圍三

　　同義詞研究》（長沙：湖南師範大學碩士論文，鄭賢章先生指導，2007年），頁 11-57。吳碧雲：《《生經》同義詞研究》（長沙：湖南師範大學碩士論文，鄭賢章先生指導，2009 年），頁 14-103。

8　有關同義詞的定義、詞類、語音、分類、判斷方法的詳細介紹，請參見周文德：《《孟子》同義詞研究》（成都：巴蜀書社，2002 年 9 月），頁 22-39。黃曉冬：《《荀子》單音節形容詞同義關係研究》（成都：巴蜀書社，2003 年 6 月），頁 7-42。胡憚：《概念變體及其形式化描寫》（北京：中國社會科學出版社，2011 年 4 月），頁 59-66。

題擇要述評。

　　先來看看詞典的釋義。*Oxford Advanced American Dictionary*（牛津高階美語詞典）對 synonym 的記載是："a word or expression that has the same or nearly the same meaning as another in the same language."[9]《現代語言學詞典（第四版）》則是：「詞項之間一類主要的涵義關係，具有相同意義的詞項是同義詞，它們之間的關係是同義關係。……兩個詞項只要意義足夠接近，可在某些語境裡自由選用而不致使整個句子的意義產生差別，就可稱作有同義關係。」[10]《漢語大詞典》：「詞彙學中指意義相同或相近的詞。」中西三本詞典的解釋大同小異，流於含糊籠統，例如「足夠接近」的標準爲何？「某些語境裡自由運用」說法模糊不清，「意義相同或相近」早已飽受批評。

　　學界對於同義詞的界定大致分爲四大類：1.意義相同或相近，2.概念同一，3.對象同一，4.義位相同。

　　第一種同義詞是意義相同或相近的詞，主張者如周祖謨 1958 年〈語言學常識〉、張永言 1982 年《詞彙學簡論》等等。此派可細分爲傾向意義相近，或傾向意義相同、相近，後來，在此基礎上又有義等義近說。

　　黃金貴犀利指出該說的四個錯誤：1.界域含糊，概念混亂，2.

9　參見參見 *Oxford Advanced American Dictionary*，網址：http://oaadonline.oxfordlearnersdictionaries.com/dictionary/synonyms #synonym__2。查詢日期：2013.3.22。

10　參見（英）戴維・克里斯特爾編，沈家煊譯：《現代語言學詞典（第四版）》（北京：商務印書館，2000 年 12 月），頁 350。

誤解等義詞，3.將同義詞近義化，4.仰賴以詞為單位的辨析方法。[11]
論述精闢，可從。

第二種同義詞是同一概念內具有各種細微差異的詞，源自蘇聯
布達哥夫 1956 年《語言學概論》。主張者如崔復爰 1957 年《現代
漢語詞義講話》、石安石 1961 年〈關於詞義與概念〉等等。

第三種同義詞是概括的對象相同的詞。主張者如孫常敍 1956
年《漢語詞彙》、武占坤與王勤 1983 年《現代漢語詞彙概要》等
等。

第四種義位相同是受到西方結構語言學影響所提出的。義位相
同可能是一個或數個義位相同，如蔣紹愚 1989 年《古漢語詞彙綱
要》；也有堅持是一個義位相同者，如黃金貴 2002 年《古漢語同
義詞辨識論》。

所謂概念同一、對象同一、義位相同，其實是不同角度之說，
概念著眼於邏輯，對象著眼於客觀世界，義位著眼於語義。Ogden
和 Richards 的語義三角已經指明語言符號（能指）、所指對象和概
念（所指）是三位一體，互相制約的關係。概念反映客觀事物，概
念透過語言符號表達，語言符號和指稱對象卻是任意性，沒有必然
關係。[12]同義詞是語言問題，就語言談語言，本文採取的是義位相
同說，而且是「單一義位相同」，邏輯層面必須同一層次，不能有
種屬、類別關係。

11　參見黃金貴：《古漢語同義詞辨識論》，頁 13-26。

12　Ogden,Charles Kay and Richards,Ivor Armstrong. *The Meaning of Meaning：a
study of the influence of language upon thought and of the science of
symbolism*（London：Routledge & Kegan Paul, 1966〔1923〕10th ed.）。

　　黃金貴提到一個義位包括理性意義與附加意義，理性意義指詞的概念，附加意義指語體、風格、語用、色彩。同義詞是一組詞有相同的義位，但又有各自的特點。同義詞是由異稱詞和一般同義詞組成，異稱詞指理性意義相同而附加意義有別，可能是方言、敬稱、鄙稱、喻稱、古稱。一般同義詞又分為理性意義有異而附加意義相同，或理性意義和附加意義皆有異。[13]

　　綜合上述，本文的同義詞是「表示一個義位系統的詞群」，包含異稱詞和一般同義詞。

　　另外，同義詞「詞類或詞性」的見解也呈現分歧，有一致說、不一致說、折衷說。詞類是根據表述功能，也就是語法意義劃分。語法意義有別，表示語法功能不會相同，更進一步說，外顯的語法位置也隨之不同。雖然同義詞考慮的是義位變項，如果變項太多，複雜度提高，愈難以釐清現象的本質，模糊焦點之下所得出的結果便流於雜亂。所以筆者贊成同義詞的詞類應該一致。[14]

13　參見黃金貴：《古漢語同義詞辨識論》，頁 43 的註 1、頁 142-180。

14　周文德認為古漢語的同義詞研究必須尊重文獻語言的實際運用情況，《孟子》中絕大多數的同義詞詞性相同，少數詞性不同。由於該書沒有明確羅列哪些是少數例子，經過筆者檢視後，發現像是「擴、充、大」都表擴大之意，「擴、充」為動詞，「大」是形容詞的使動用法，「大」共出現了163 次，只有 2 次表示「擴大」。參見周文德：《《孟子》同義詞研究》，頁 40、276-278。

從認知範疇來看，詞類是個連續統，漢語的詞類經常有所謂活用或兼類情況，例如某些性質形容詞可表動態，可帶賓語，如現代漢語平衡語料庫有：「發展遠距學習環境，方便個人進修學習」的「方便」，但這種用法頻率較低，不能據此認定「方便」是形容詞又是動詞。回到《孟子》的例子，

　　同義詞的研究強調共時（Synchronic）、封閉的靜態探索，但多長的時間稱爲共時，尚無一致的看法。黃金貴認爲古漢語同義詞應該與古漢語同步，理論上說，時域是上起殷商甲骨文至五四前後。要選取規範的古漢語材料，即正統的文言文，主要是上古、秦漢經史子集傳世文獻，以及後代仿照前代的傳統文言文，選詞辨義應以周秦至東漢爲基本共時時域。這段時域跨越一千多年，詞義可能發生改變，但大多數詞義有基本、相對穩定的同義詞群，可以在分析時揭示當中的歷時變化。[15]

　　針對黃金貴的說法，筆者有兩點懷疑。

　　第一，Saussure 在 1916 年《普通語言學教程》的共時性指某一時間點上的一種語言是自足的功能系統，共時的研究可以是某一人的語言、某世紀的語言，但要將千餘年的古漢語當作共時平面，與漢語史的事實不合。[16]雖然黃金貴強調是規範的文言文，時間是周秦至東漢，但先秦、兩漢的語言不是停滯靜止的，目前的研究已經顯示它們的不同，再者，當時材料文白界線不大，非屬規範的文言文。

　　第二，研究材料限定在規範文言文，將古代白話文獻或方言性

　　首先，「擴、充、大」是否具有同一義位不無疑問。再者，性質形容詞「大」表擴大之意是否為個人的言語或其他原因的偶一為之？故不宜將「擴、充、大」列為一組。

15　參見黃金貴：《古漢語同義詞辨識論》，頁 191。

16　徐正考主張不同時代、不同方言的詞不是一個層面的東西，不屬於共時狀態的語言，它們之間的詞無法構成同義關係。參見徐正考：《《論衡》同義詞研究》（北京：中國社會科學出版社，2004 年 9 月），頁 7。

很強的文獻排除在外，漢語史的研究重視口語成分多或白話的材料，因爲這些語料較能反映語言的變化。文言材料的同義詞有研究的價值，白話或方言材料也應當有研究的價值。限定在上古文言材料的同義詞研究，不足以代表漢語史同義詞發展的全貌。準此，筆者認爲一個時代、一位作者或專書的研究，屬於共時的研究，[17]而且，研究的材料應涵蓋文言、白話或方言文獻。

二、古漢語同義詞識同方法

　　一般所談的替換法、義素分析法、同形結合法是針對現代漢語同義詞的判斷方法，即便就現代漢語同義詞而言，這些方法各有瑕疵，更不適用於古漢語同義詞的辨識。

　　有關判定古漢語同義詞的方法，此處僅以黃金貴與徐正考之說爲例。

　　黃金貴針對不同類型的同義詞提出個別的判定法。如果是異稱詞，則適用「同一概念識別法」、「同一對象識同法」，前者多用於抽象事物，後者多用於具體事物。對於一般同義詞，可用「渾言通義識同法」、「訓詁文獻材料識同法」、「古人替換使用識同法」。「渾言通義識同法」指對於一群詞可以依靠訓詁材料或文獻通用情況，找出某個意義的最大公約數，成爲它們的相同義。「訓詁文獻材料識同法」利用互訓、同訓、遞訓、異文、同義連用、對文同義、避諱確認一般同義詞。「古人替換使用識同法」又稱「文獻使用比

17　黃曉冬提到同義詞應該是在同一個時代範圍內的詞。參見黃曉冬：《《荀子》單音節形容詞同義關係研究》，頁20。

較識同法」，根據文獻中實際替換的例子判定一般同義詞。[18]

徐正考的方式是「系聯法」和「參照法」。「系聯法」指利用專書對文、連文確定詞的同義關係，並將同義詞系聯，接近於黃金貴的「訓詁文獻材料識同法」。僅憑「系聯法」無法準確找出同義詞，還需要「參照法」，分為：1.同書中語義相同、相近或相關的句子中的有關詞，2.有關的注釋，3.同義單音詞和以該詞為語素構成的雙音詞，4.書中的有關解釋，5.反義詞，6.異文。[19]

由於《傳燈錄》是口語性較高的佛教文獻，和傳統中土文獻累積了豐富注疏不同，據筆者所知，目前比較詳細的注釋是顧宏義《景德傳燈錄譯注》，若要採用注疏來過濾同義詞會有困難。從《傳燈錄》的原文尋找同義詞是最可靠的方法，輔以其他佛經、語錄、訓詁材料、詞典，仍可克服注疏匱乏的缺憾。[20]

至於古漢語同義詞是否包括雙音詞，黃金貴認為以單音節為主，徐正考則傾向納入。[21]筆者的處理是納入複音詞。漢語詞彙史的發展是從單音節走向複音節，如果是研究上古漢語同義詞，對象自然以單音詞居多，如果是研究中古、近代漢語，便不能排除複音

---

18 參見黃金貴：《古漢語同義詞辨識論》，頁 104-162。

19 參見徐正考：《《論衡》同義詞研究》，頁 13-17。

20 宋永培認為上古經典文獻的同一篇中，乃至全書各篇之中的字詞，在意義與用法是彼此牽連與證明，經典文獻的原文已經通過字詞的相互關係，對每個字詞的意義與用法作了準確而顯白的注釋。筆者認為這個看法不僅適用於上古經典，同樣適用於後代典籍。參見宋永培：《《說文》與上古漢語詞義研究》（成都：巴蜀書社，2001 年 6 月），頁 505。

21 參見黃金貴：《古漢語同義詞辨識論》，頁 284。徐正考：《《論衡》同義詞研究》，頁 19-20。

詞，堅持剔除複音詞便不合乎語言發展的事實。

面對複音節詞語究竟是詞或短語的問題，歷來討論很多，第二章第二節曾提過丁喜霞的意義、結構、語音、使用頻率四個標準，此處筆者傾向寬鬆認定，以語義和結構為準，只要是成分結合後，該詞語的意義不是內部成分的簡單相加，而是發生融合，結構上無法插入其他成分，則是複音詞。反之，則是短語。本章討論的「煩惱」同義詞是以「詞」為對象，排除「短語」。

三、古漢語同義詞辨異方法

有關古漢語同義詞的別異，池昌海總結了前人的成果，從語義、語法、語用三個平面分析同義詞的差異性。黃金貴也從三個平面總結同義詞的異點。[22]

語義是同義詞最重要的區別特徵，主要是區分理性意義的差異。例如範圍、視角、特徵、形制、質地、時代、對象、用途、部位、側重、方式、速度、程度、施事、情態、原因、來源。

語法層面共性較多，殊性較少，主要觀察構詞能力、搭配關係、是否單用為句子成分、充當何種句法成分。

語用層面是指詞語在使用中所產生的差異，強調附加意義和表述限定的差異，前者如感情色彩、語體色彩、形象色彩，後者如面稱、敘稱、尊稱、謙稱、自述、他述、肯定、否定。另外還有方言差異、新舊詞語差異。

22　參見池昌海：《《史記》同義詞研究》（上海：上海古籍出版社，2002年4月），頁 36-92。黃金貴：《古漢語同義詞辨識論》，頁 163-180。

　　同義詞的研究難度會隨時代而有所不同，黃金貴提到現代漢語同義詞在差異的部分表現明顯，特別是附加意義的差異。古漢語同義詞的差異比較隱蔽，理性意義的差異比較明顯。兩相比較，揭示古漢語同義詞的差異困難度較高。[23]

　　然而，不論名詞、動詞、形容詞，若能從三個平面來分析，兼顧了理性意義、附加意義、語法功能的差異，凸顯內部的層次性，是較完善的辨異方法。

第三節　研究對象的確立

　　按文化意義來說，同義詞有普通詞與文化詞。所謂文化詞指非語言原因而蘊涵的有關制度、倫理、宗教等民俗文化色彩的詞語，反之爲普通詞。例如表示陸地上隆起高聳的部分，是「山」的語言義，屬普通詞；表示墳墓的「山」，則屬文化義，屬文化詞。[24]《爾雅》收錄的詞語包含普通詞與文化詞，特別是後 16 篇便是文化詞的意義類聚。

　　不分古今中外，人人皆有煩惱，煩惱造成不同程度的痛苦，佛教強調離苦得樂，四聖諦的「苦諦」談各種苦果，衆生要透過「道諦」解脫輪迴苦難。從隋慧遠（523-592）《十乘義章》的記載，不難發現佛教對煩惱有很精彩的描述：

23　黃金貴：《古漢語同義詞辨識論》，頁 186-189。

24　參見池昌海：《《史記》同義詞研究》，頁 30-35。黃金貴：《古漢語同義詞辨識論》，頁 285-289。

所言障者，隨義不同，乃有多種。或名煩惱，或名為使，或名為結，或名為纏，或名為縛，或名為流，或名為柜，或名為取，或名為漏，或名為垢，或說為惑，或說為障。如是非一，勞亂之義，名曰煩惱。隨逐繫縛，稱之為使。結集生死，目之為結。結縛眾生，亦名為結。能纏行人，目之為纏。又能纏心，亦名為纏。羈繫行人，故目為縛。漂流行人，說之為流，能令眾生為苦所柜，故名為柜。取執境界，說以為取。流注不絕，其猶瘡漏。故名為漏，染污淨心，說以為垢。能惑所緣，故稱為惑。能礙聖道，說以為障。如是差別，無量無邊。今隨一義，且說為障。名字麁爾。（T44, no.1851, p0561b22）

該經提到的煩惱有：「煩惱」、「使」、「結」、「纏」、「縛」、「流」、「柜」、「取」、「漏」、「垢」、「惑」、「障」。各種佛教的詞典也收錄了琳瑯滿目的煩惱詞，例如「隨眠」、「蓋」、「繫」、「暴流」、「塵垢」、「客塵」等等，不過詞典只是收錄，沒有進一步的詞類辨認，所列舉的煩惱詞混雜了多種詞類。簡單地說，各式各樣的煩惱對應到語言層面，便形成一批獨具特色的「煩惱」同義詞，這些詞都表達「煩惱」的義位，細部存在微別，反映佛教對煩惱的看法，屬於宗教色彩的文化詞。

　　在尋找《傳燈錄》同義詞時，確認對象是首要工作。如果僅以意義分辨，有主觀之嫌，缺乏操作性。因此除意義標準之外，輔以詞類、頻率等條件，篩選過程如後：

1. 根據詞類同一，挑出名詞類的煩惱詞，刪除動詞類的煩惱詞。

2. 漢語的詞類有多功能的特性，[25]遇到有名詞語法功能的動詞，便參考其他佛經、禪宗語錄、詞典的紀錄，以及該詞的頻率，具體地說，如果頻率高，或者已成為專有名詞（術語），便列入討論。如果頻率相對較低，要進一步查找其他佛經，若其他佛經亦表煩惱之意，則列入，若其他佛經不表煩惱之意，意味《傳燈錄》的用法可能是臨時的，故刪除。

3. 在符合以上條件之後，可能因為有些公案、對答採雙關或譬喻來說理，對於確屬名詞類，疑似有言外之意（指煩惱），則從寬統計。

例如佛經的「繫縛」、「繫絆」多當謂語，屬雙音動詞，不列入討論。又如「漏」為不太典型的形容詞，透過轉指，[26]佛經的「漏」

---

25 劉丹青提到漢語的名詞、動詞、形容詞是多功能的，名詞和謂詞主要佔據主賓語和謂語的位置，漢語的詞類和句子成分雖然不是簡單的一一對應，但畢竟存在一定程度的對應。參見劉丹青：〈「唯補詞」初探〉，《漢語學習》第 3 期（1994 年 6 月），頁 26。

26 張文國、張能甫提到形容詞可轉指其所表示的性質的人或事物，發生轉指的都是描寫性質或形象的形容詞，因為它們和具體名詞之間存在著一種潛在的語義組合關係，它們或修飾限制或描寫具體名詞，這種關係為它們提供一種意義轉化的聯想方向。同理，動詞如果發生轉指，不再表示動作行為，而是表示與之有關的人或事物，則是名詞。宋雅云根據四項標準判斷上古文獻的形容詞，「漏」是屬性質為 2 的不太典型形容詞，他提到形容詞和名詞的區別是根據有無轉指，如果發生轉指，則是名詞，如果是自指，

是具有濃厚佛教色彩的詞，指煩惱之意，「漏」經常與「有／無」
搭配，組成「有漏／無漏」，「有漏」在佛典中頻繁出現，凝固成
述賓式雙音名詞，是表煩惱的名相（術語），反之，「無漏」則是
沒有煩惱，與本章設定的「煩惱」義相左，不列入考察。而「有漏」
符合本章研究範疇，列入討論。再如「遺漏」多是動詞，偶爲名詞，
表洩漏之意，故刪除。

　　回歸到《傳燈錄》，經過全篇通讀後，揀出的名詞類煩惱詞有
單音節的「惱」、「漏」、「塵」、「垢」、「惑」、「纏」，雙
音節的「煩惱」、「客塵」、「塵勞」等等。因之，就音節數而言，
《傳燈錄》的名詞類煩惱詞分爲單音詞和雙音詞，分類時是以單音
詞爲主。

　　從這些煩惱詞中，不難發現雙音煩惱詞是在單音詞基礎上形成
的，換言之，表煩惱的單音詞以語素身分和其他同義或非同義語素
組合，形成新的雙音詞，新詞也表煩惱之意。它們共同構成了「煩
惱」同義詞。

　　爲免組數過多，討論不易，雙音詞方面作彈性調整。雙音詞由
單音語素衍生而成，依照所含之單音語素，權宜併入該組討論，例
如「惱」組包含「惱」與「煩惱」，「塵」組包含「塵」、「塵勞」、
「塵垢」、「客塵」，「漏」組包含「漏」、「滲漏」。

則是形容詞。參見張文國、張能甫：《古漢語語法學》，（成都：巴蜀書
社，2003 年 3 月），頁 105、113-114。宋雅云：〈上古漢語性質形容詞
的詞類地位及其鑑別標準〉，《中國語文》第 1 期（2009 年 1 月）頁 14-15、
19。

第四節 「煩惱」同義詞別異

按前述原則分類，《傳燈錄》的名詞類「煩惱」同義詞有六組：「惱」、「漏」、「塵」、「垢」、「惑」、「纏」，前四組有單音詞與雙音詞，後兩組只有單音詞。

一、「惱」組分析

「惱」，《傳燈錄》出現 78 次，扣除動詞類的「自惱」、「惱亂」、「懊惱」，名詞類表煩惱的「惱」與「～惱」共有 72 次，包含「惱」（3 次）、「熱惱」（1 次）、「憂惱」（1 次）、「煩惱」（67 次）。[27]

1. 放之自然，體無去住。任性合道，逍遙絕惱。（T51, no.2076, p0457a19）

2. 慮多志散，知多心亂。心亂生惱，志散妨道。（T51, no.2076, p0458a16）

3. 吾適對眾抑挫，仁者得無惱於衷乎？（T51, no.2076, p0213a13）

27　「無明」是佛經常見術語，表煩惱之意，結構是定中式，透過否定「明」構成「無明」。由於單音的「明」是智慧之意，與本文所云單音的「惱」、「漏」即是煩惱之意不同，因此「明」不列入討論，亦無法立組，「無明」也無組可歸。由於「無明」、「煩惱」常在同一語境出現，變通之法是將「無明」附於「惱」組的「煩惱」一併討論。

4. 我責躬悔過以來，聞諸惡言，如風如響，況今獲飲無上甘露，而反生熱惱邪！　（T51, no.2076, p0213a17）

5. 波旬厭惡，大生憂惱。（T51, no.2076, p0207b01）

《說文解字》無「惱」，該字原從女，表恨之意。[28]佛教指心神處於懊惱悔恨的現象。

例1「惱」表煩惱之意，當述語「絕」的受事賓語。

例2「惱」是述語「生」的結果賓語。

例3「惱」是述語「無」的受事賓語。

例4「熱惱」是定中式，身心焦灼的「熱」修飾「惱」，表煩惱之意，[29]當述語「生」的結果賓語。

例5「憂惱」是類義的並列式，字面是憂愁苦惱，意即煩惱之意，當述語「生」的結果賓語。

除了《傳燈錄》的「熱惱」、「憂惱」之外，還有其他的「～惱」，如魏徐幹（170-218）〈室思〉：「人生一世間，忽若暮春草。時不可再得，何為自愁惱？」「愁惱」有憂愁怨悔之意。縱然引起煩惱的原因很多，人處於煩惱時，內心會有困擾、憂愁、悔恨、焦慮、發怒等等情緒反應，以「惱」表示煩惱是基於鄰近性，凸顯

28　參見〔東漢〕許慎撰，〔清〕段玉裁注：《新添古音說文解字注》（臺北：洪葉文化，1999年增修一版，經韻樓藏版），十二篇下，頁632。

29　「除熱惱」之後有時會出現「清涼」，如東晉佛馱跋陀羅譯《大方廣佛華嚴經》：「度脫眾生，照除熱惱，清涼柔軟。」（T7, no.0220, p0397a04）唐玄奘譯《大般若波羅蜜多經》：「謂如涼月，能除熱惱。」（T7, no.0220, p0926c27）顯示「熱惱」和「清涼」、「涼」是相反的感受。

怨悔的心理或情緒，如同以「黑手」表示修車者，以「新面孔」表示不熟悉的新人，是種轉喻。

　　「煩惱」的例子如：

6. 若捨煩惱入菩提　　不知何方有佛地（T51, no.2076, p0263b29）

7. 實性者，處凡愚而不減，在賢聖而不增，住煩惱而不亂，居禪定而不寂。（T51, no.2076, p0235b10）

8. 後人增煩惱病，何利益之有哉！（T51, no.2076, p0305c11）

9. 起心是天魔，不起心是陰魔，或起不起是煩惱魔，我正法中無如是事。（T51, no.2076, p0440c20）

10.遮漢曠劫無明，煩惱今日頓息。（T51, no.2076, p0248b11）

11.法性本來空寂，不為生死所絆。若欲斷除煩惱，此是無明癡漢。煩惱即是菩提，何用別求禪觀。（T51, no.2076, p0451a27）

　　「煩」，《說文解字·頁部》記載是「熱頭痛」，[30]引申為煩悶、煩躁，如《黃帝內經靈樞譯解·終始》：「厥陰終者，中熱溢干，喜溺，心煩，甚則舌卷，卵上縮而終矣。」再配合前述「惱」的解釋，「煩惱」意即煩悶懊惱，屬並列式複合詞。

　　例6「煩惱」當述語「捨」的受事賓語，在佛教中，煩惱與菩

30　參見〔東漢〕許慎撰，〔清〕段玉裁注：《新添古音說文解字注》，九篇上，頁426。

提是相對又同一的概念，爲一體之兩面，見《傳燈錄》：「心佛眾生，菩提煩惱，名異體一。」（T51, no.2076, p0309b01）「菩提」是梵語 bodhi 的音譯，指斷絕世間煩惱而成就涅槃之智慧。「煩惱」，梵語 kleśa，巴利語 kilesa，屬意譯詞，使有情之身心發生惱、亂、煩、惑、污等精神作用之總稱。[31]故「煩惱」即擾亂身心，引生諸苦，迷惑不覺之意。

例 7「煩惱」爲述語「住」的處所賓語。本例以四句對文陳述實性，末兩句「煩惱」與「禪定」在語境中構成臨時的反義關係，前者指身心散亂的狀況，後者指心達到不散亂的境界。

例 8、9「煩惱」當定語，修飾「病」和「魔」。

例 10「煩惱」當主語，例 11 有兩個「煩惱」，前者當受事賓語，後者當主語。兩例都出現「無明」與「煩惱」。

「明」，梵語 vidyā，巴利語 vijjā，有灼照透視之意，[32]「無明」，梵語 avidyā，巴利語 avijjā，爲煩惱之意，有不如實知見，不通達眞理之意。「無明」是十二因緣之首，在各種煩惱中作用最強，故宿世煩惱稱爲無明。俱舍與唯識宗用「無明」來指根本煩惱中的「癡」。[33]例 10 的「曠劫無明」強調長時間的宿世煩惱，例 11 談到如要斷煩惱，這是個無明癡漢，「無明」當定語修飾「癡

---

31 參見釋慈怡主編的《佛光大辭典》第三版，頁 5198「菩提」條、頁 5515「煩惱」條。《佛光大辭典》網址：http://etext.fgs.org.tw/etext6/search-1.htm。

32 參見釋慈怡主編的《佛光大辭典》第三版，頁 3276「明」條。

33 參見釋慈怡主編的《佛光大辭典》第三版，頁 5094「無明」條，「無明」雖是煩惱之別稱，但俱舍宗、唯識宗的「無明」是指癡，丁福保《佛學大辭典》、陳義孝《佛學常見辭彙》持後說。

漢」，「無明」可解爲蒙昧愚癡。《傳燈錄》的「無明」出現 33
次，有 32 次指煩惱，1 次指癡，多當主語、賓語，偶當定語（如
「無明酒」）。

「煩惱」與「無明」在搭配上有些差異。以「眞如」、「實性」、
「黑暗」、「闇」爲例，筆者檢覈《大正藏》，「無明眞如」有
78 次，「煩惱眞如」有 0 次。「無明實性」有 24 次，「煩惱實性」
有 2 次。「無明黑暗」有 44 次，「煩惱黑暗」有 7 次。「無明闇」
有 300 餘次，「煩惱闇」有 36 次。這些例子透露了「無明」的搭
配能力比較強。

表諸法體性的「眞如」前的「無明」經常一同出現在十二因緣
的語境，表示「眞如」和「煩惱」雖對立又統一，「無明眞如」是
並列的雙音詞，按理而言有「無明眞如」也當有「煩惱眞如」，事
實卻非如此。「無明實性」是並列的雙音詞，「實性」即是「眞
如」，[34]故「無明實性」即「無明眞如」，「無明」替換成「煩惱」，
卻只有 2 次。

「無明」的「明」有灼照透視之意，佛教用光明代表智慧，是
一種隱喻，基於相似性，光亮是智慧，黑暗是愚昧，光明能破除黑
暗，智慧能破除愚昧，因此，從隱喻的角度看，「無明」與「闇」、
「黑暗」是相似的，而它們也經常共現。

就意義而言，「眞如」、「實性」與「無明」、「煩惱」是相

34　唐圓測《仁王經疏》：「言法性本無相者，諸法實性，本來無相，是眞無
　　義。第一義空如者，異名重釋，亦名第一義空，亦名眞如。」（T33, no.1708,
　　p403c01）「實性」是「眞如」的異名。

對的，「闇」、「黑暗」與「無明」、「煩惱」是相似的，可是在
搭配上，「眞如」、「實性」、「闇」、「黑暗」四詞與「無明」
共現的頻率均遠多於與「煩惱」共現。

　　綜合上述，《傳燈錄》的「惱」具有動詞與名詞兩種詞類，動
詞的「惱」陳述煩惱的動作，名詞的「惱」透過轉喻的機制，指稱
煩惱。[35]在句子中，「惱」可以單用，但更常見的是與其他語素組
成雙音詞，例如「熱惱」、「憂惱」、「煩惱」，而且以「煩惱」
居絕對多數。語法功能上，「惱」、「熱惱」、「憂惱」當賓語，
常與動詞「生」搭配，「煩惱」可當主語、賓語、定語。

　　比較三個雙音詞「～惱」，「煩惱」涵蓋範圍較廣，「熱惱」、
「憂惱」的「熱」、「憂」描述煩惱的狀態，「熱」強調身心焦灼，
「憂」強調身心愁慮。另外，《傳燈錄》還有「無明」，透過隱喻
表示煩惱或愚癡之意，可當主語、賓語、定語。就煩惱的義位而言，

35　姚振武指出用事物的屬性來指稱事物本身，是語言的共性，在漢語中，透
　　過謂詞性成分無標記的名詞化和有標記的名詞化來實現。參見姚振武：〈漢
　　語謂詞性成分名詞化的成因及規律〉，《中國語文》第 1 期（1996 年 2
　　月），頁 31-39。
　　沈家煊提到動詞名用是一般現象，名詞動用是特殊現象。名詞一般用來指
　　稱事物，動詞一般用來陳述動作，名用的動詞仍是說出一個動作，儘管這
　　個動作是指稱的對象，不是陳述的對象，因此名用的動詞仍具有動詞性。
　　動用的名詞不再說出一個實體，而是描述一個動作，已經轉變成動詞。動
　　詞名用符合隱喻規律，而隱喻具有單向性。參見沈家煊：〈從「演員是個
　　動詞」說起——「名詞動用」和「動詞名用」的不對稱〉，《當代修辭學》
　　第 1 期（2010 年 2 月），頁 1-12。

「無明」與「煩惱」是同義詞，但表癡的「無明」則不是「煩惱」的同義詞，因為「癡」是「煩惱」的次類。

二、「漏」組分析

「漏」，《傳燈錄》出現 43 次，扣除形容詞「漏」、「漏滴」、名物「殼漏子」、「刻漏」、「無漏」等等，名詞類表煩惱的「漏」有 13 次，包含「漏」（2 次）、「有漏」（6 次）、「滲漏」（5 次）。

12.時阿難為漏未盡，不得入會。（T51, no.2076, p0206a16）

13.問：「如何是祖師西來意？」師曰：「道士擔漏巵。」（T51, no.2076, p0325a01）

14.有心即有漏，何處得無心？（T51, no.2076, p0437c17）

15.性起轉覺翻生所　遂令有漏墮迷盲。（T51, no.2076, p0453c08）

16.此但人天小果有漏之因，如影隨形，雖有非實。（T51, no.2076, p0218c12）

17.師有時謂眾曰：「一切言語絕滲漏。」曾有一僧問：「作麼是絕滲漏底語？」師曰：「汝口似鼻孔。」（T51, no.2076, p0407b12）

「漏」，梵語 āsrava，巴利語 āsava。有流失、漏泄之意，煩惱之異稱。世親造，唐玄奘譯《阿毘達磨俱舍論》：「由彼相續於六瘡門，泄過無窮，故名為漏。……諸境界中流注相續，泄過不絕，

故名爲漏。」（T29, no.1558, p0108a21）煩惱滅盡即稱爲漏盡。煩惱日夜不停從六根流注漏泄，導致在生死中流轉三界，故將煩惱稱爲「漏」。[36]流注漏泄與煩惱不斷有相似性，透過漏泄來比喻煩惱，是一種隱喻。

例12「漏未盡」指煩惱尙未除盡，「漏」當主語。

例13「漏卮」字面上是無底的杯器，「漏」當定語，「漏卮」相當於有漏之卮，有煩惱之意。「漏卮」的譬喻見於漢代文獻，如《淮南子・氾論訓》有「江河不能實漏卮」，《鹽鐵論・本議》有「川源不能實漏卮」，《潛夫論・浮侈》有「江海不能灌漏卮」，譯經的「漏卮」遲至唐代才出現，唐般刺蜜帝譯《大佛頂如來密因修證了義諸菩薩萬行首楞嚴經卷》：「是故阿難！若不斷偷修禪定者，譬如有人水灌漏卮，欲求其滿，縱經塵劫，終無平復。」（T19, no.0945, p0321b21）佛經「漏卮」的譬喻和中土文獻是相承的，「水灌漏卮」比喻不可能完成的事，將無功而返，修行的方法不正確，煩惱依然不停流洩，如同漏卮。

例14的「有漏」當謂語，例15「有漏墮迷盲」的「有漏」是主語，例16「有漏」是定語。「漏」是煩惱，「有漏」即有煩惱，或煩惱。結構上，「有漏」是述賓式複合詞。「有漏」、「無漏」經常一起出現，有趣的是，連用順序爲「有漏無漏」（《大正藏》有1712次），甚少是「無漏有漏」，[37]合乎先肯定／正面／量大，

36　參見釋慈怡主編的《佛光大辭典》第三版，頁5825「漏」條。

37　「無漏有漏」之例，見唐玄奘（602-664）譯《阿毘達磨大毘婆沙論》：「有漏道以有漏無漏道爲種類，無漏道以無漏有漏道爲種類。」（T27, no.1545, p0545a12）

後否定／反面／量小的認知經驗，類似的例子如「是非」、「對錯」、「好壞」、「美醜」、「高低」、「長短」、「善惡」、「大小」等等。佛經裡和「有漏無漏」的組合相似的例子還有「有爲無爲」、「有記無記」，如姚秦竺佛念譯《十住斷結經》：「有漏無漏，有爲無爲，善法惡法，有記無記。」（T10, no.0309, p0992b13）

例 17「滲漏」是述語「絕」的受事賓語。「滲漏」在《傳燈錄》只出現 5 次，卻都是名詞。再者，「滲漏」是禪宗語錄、佛典的常用詞，經常作「絕滲漏」、「無滲漏」，主語是非液體之人、物，而曹洞宗洞山良价有著名的「三滲漏」（情滲漏、見滲漏、語滲漏）。本例的「絕滲漏」字面是杜絕滲漏，但滲漏的對象必須是液體，「言語」並不合乎要求，換言之，「絕滲漏」非字面之意，而是指斷絕煩惱。北宋虎丘紹隆（1077-1136）等編《圓悟佛果禪師語錄》：「把斷世界，不漏絲毫。諸見不生，了無滲漏。」（T47, no.1997, p0787a20）指斷滅一切煩惱，諸見不生起，「把斷世界」與「諸見」亦非液體，故「了無滲漏」雖然字面是說沒有一點漏泄，實際是指完全止息煩惱。

綜合上述，《傳燈錄》的「漏」具有形容詞與名詞兩種詞類，形容詞的「漏」表示漏泄之意，名詞的「漏」指稱煩惱。在句子中，「漏」可以單用，但更常見的是與其他語素組成雙音詞，例如「有漏」、「無漏」、「滲漏」，而「有漏」與「無漏」經常連用成「有漏無漏」。

語法功能上，「漏」、「有漏」可當主語、定語、謂語，「滲漏」通常當賓語，多和述語「絕」、「無」組合爲「絕滲漏」、「無滲漏」。「漏」有漏泄之意，梵語 āsrava 有流失的意思，從東漢

佛經開始，「漏」透過隱喻，用來表示煩惱，是典型的佛教文化詞。

三、「塵」組分析

「塵」，《傳燈錄》出現191次，扣除指境（梵語 artha,visaya）的「塵」、「六塵」、「塵境」、「根塵」、「色塵」、「外塵」，指微細的物質的「微塵」、「塵沙」，表國土的「塵刹」，表人間俗世的「紅塵」等等，表煩惱者有39次，包含「塵」（28次）、「塵埃」（3次）、「塵勞」（4次）、「塵垢」（2次）、「客塵」（2次）。

18.心為正受縛，為之淨業障。心塵萬分一，不了說無明。（T51, no.2076, p0226c26）

19.心本絕塵何用洗　身中無病豈求醫（T51, no.2076, p0269c13）

20.身是菩提樹　心如明鏡臺　時時勤拂拭　莫遣有塵埃（T51, no.2076, p0222c06）

21.無形無相大毘盧，塵勞滅盡真如在。（T51, no.2076, p0462a09）

22.如何背覺，反合塵勞，於陰界中，妄自囚執。（T51, no.2076, p0262a25）

23.誌公迹拘塵垢，神遊冥寂。水火不能焦濡，蛇虎不能侵懼。（T51, no.2076, p0429c21）

24.但一時卸却從前虛妄、攀緣塵垢心，如虛空相似，他時後日，合識得些子好惡。（T51, no.2076, p0286c11）

25.及至長大便學種種知解，出來便道我能我解，不知是客
　　塵煩惱。（T51, no.2076, p0316a08）

26.（理入者）但為客塵妄想所覆，不能顯了。（T51, no.2076,
　　p0458b12）

　　表煩惱的「塵」梵語是 rajas，巴利語 raja，指微細之物質，
附著於物而染污之。[38]煩惱會污染自性如同灰塵會污染物體，同具
染污的相似性，將具體的灰塵映射到抽象的煩惱域，是一種隱喻。

　　例 18 的「塵」當主語。例 19 的「塵」是述語「絕」的受事賓
語，「心本絕塵何用洗」是打比方的用法，因為是具象的「塵」，
所以用動詞「洗」，洗除灰塵意即斷除煩惱。

　　例 20 是神秀表示悟道境界的偈頌，「塵埃」當賓語，字面是
灰塵之意，實質指煩惱。

　　例 21「塵勞」當主語，謂語是「滅盡」，此處用「滅」，例
19 則用具體的「洗」，例 20 用「拂拭」。「塵勞」即是煩惱，根
據隋慧遠（523-592）《維摩義記》：「煩惱坌污，名之為塵，有
能勞亂，說以為勞。」（T38, no.1776, p0486b04）意味「塵勞」是
主謂式複合詞，指煩惱之意。

　　例 22「塵勞」是述語「合」的受事賓語。

　　例 23「塵垢」是類義的並列式複合詞，「塵」通常指體積細微
之物，「垢」強調性質污濁之物，字面上「塵垢」是灰塵污垢，佛
教用以表示煩惱。此例的「塵垢」當賓語，例 24「塵垢」當定語。

38　參見釋慈怡主編的《佛光大辭典》第三版，頁 5762「塵」條。

　　例 25「客塵」當受事賓語，例 26「客塵」是施事主語。姚秦鳩摩羅什（334-413）譯《維摩詰經所說經》：「菩薩斷除客塵煩惱。」（T14, no.0475, p0545a25）姚秦僧肇（384-414）《注維摩詰經》：「什曰：『心本清淨，無有塵垢。塵垢事會而生，於心爲客塵。』肇曰：『心遇外緣，煩惱橫起，故名客塵。』」（T38, no.1775, p0378b06-09）「客塵」的「客」強調煩惱本非心性固有之物，故「客塵」爲定中式複合詞。《大正藏》的「客塵」有 455 次，其中有 160 次是「客塵煩惱」連用，根據筆者的核對，「客塵」與「煩惱」無包含或被包含的關係，兩者對當使用，「客塵煩惱」並非定中式短語，而是同義的並列短語。

　　綜合上述，「塵」原指細微灰塵，基於染污的相似性，佛教將其隱喻爲煩惱。在句子中，「塵」可以單用，亦有「塵埃」、「塵勞」、「塵垢」、「客塵」等雙音詞。語法功能上，可當主語、賓語、定語。表煩惱的「塵」組同義詞依然保持灰塵的常見搭配模式，例如除去煩惱是可用「洗」、「拂拭」來表示。

四、「垢」組分析

　　「垢」，《傳燈錄》出現 34 次，扣除動詞類的「垢」，名詞表煩惱的「垢」有 27 次，包含「垢」（22 次）、「塵垢」（2 次）、「垢濁」（1 次）、「垢欲」（1 次）、「痕垢」（1 次）。其中「塵垢」在「塵」組中已經談過，此處略之。

　　27. 求大涅槃是生死業，捨垢取淨是生死業。（T51, no.2076, p0246c08）

28.涅槃城裏尚猶危，陌路相逢沒定期。權挂垢衣云是佛，却裝珍御復名誰。（T51, no.2076, p0455c05）

29.問云：「何是心解脫？」答：「不求佛，不求知解。垢淨情盡，亦不守此無求為。」（T51, no.2076, p0429b26）

30.觀眾生作垢濁、暗昧、生死之相。（T51, no.2076, p0270b21）

31.但無如許多顛倒、攀緣、妄想、惡覺、垢欲，不淨眾生之心。（T51, no.2076, p0267b20）

32.心是根法是塵，兩種猶如鏡上痕，痕垢盡除光始現，心法雙亡性即真。（T51, no.2076, p0460a15）

「垢」，《說文解字·土部》記載為濁之意。[39]對譯梵語 mala，煩惱之異名，指污穢心之垢物。[40]「垢」本指髒污之物，基於染污的相似性，隱喻為煩惱。

例 27「垢」是述語「捨」的受事賓語，語境中的「垢」不是實質的污垢，而是隱喻，從「捨垢取淨」可知「垢淨」是相反的。

例 28「垢」當定語，「垢衣」可指髒衣，亦可指煩惱之衣。

例 29「垢」當主語，「垢淨」意即煩惱清淨。

例 30「垢濁」是並列式複合詞，當定語，表污穢之意，用來修飾「相」，亦可指煩惱之相。「垢濁」是佛經常用詞，《大正藏》出現 252 次，經常和「清淨」、「清澄」、「澄潔」共現，表示兩

39　參見〔東漢〕許慎撰，〔清〕段玉裁注：《新添古音說文解字注》，十三篇下，頁 698。

40　參見釋慈怡主編的《佛光大辭典》第三版，頁 3766「垢」條。

種相反對立的境界，除去「垢濁」的動詞可用「洗」或「浣」。

　　例 31「垢欲」是定中式複合詞，當賓語，表有染污的慾望，亦指煩惱。「垢欲」最早見於西晉竺法護譯《佛五百弟子自說本起經》，「垢欲」雖然可表煩惱，但在佛經中的頻率不高，《大正藏》僅出現 6 次。

　　例 32「痕垢」是並列式複合詞，當主語，字面是痕跡污垢，因為是修行的語境，透過隱喻以「痕垢」指煩惱。本例最早是出現於唐玄覺《永嘉證道歌》，而且「痕垢」一詞見於《大正藏》的禪宗語錄有 10 次，是禪宗特殊的比喻。

　　綜合上述，「垢」本為髒污，佛經用以指煩惱，是隱喻。在句子中「垢」多是單用，亦可構成「垢濁」、「垢欲」、「痕垢」。佛經中，「垢濁」比較常見，具有普遍性，「痕垢」見於禪宗語錄，「垢欲」數量最少。語法功能上，「垢」組可當主語、賓語、定語。附帶一提，「垢」和「塵」組成「塵垢」，兩者都是具體之物，表除去時，可與動詞「洗」共現，這點與用動詞「洗」或「浣」除去「垢濁」相似。

五、「惑」組分析

　　「惑」，《傳燈錄》出現 54 次，扣除動詞類的「惑亂」、「幻惑」、「誑惑」、「眩惑」等等，名詞類表煩惱的「惑」有 15 次，都是單用。[41]

41　《傳燈錄》：「迷現量則惑苦紛然，寤真性則空明廓徹。雖即心即佛，唯證者方知。然有證有知，則慧日沈沒於有地，若無照無悟，則昏雲掩蔽於

33.汝雖已信三業，而未明業從惑生，惑因識有，識依不覺，
不覺依心，心本清淨無生滅、無造作。（T51, no.2076,
p0212c20）

　　《說文解字‧心部》記載「惑」是亂也，[42]「惑」有迷亂、不
解之意，如《孟子‧公孫丑上》：「若是，則弟子之惑滋甚。」〈離
婁下〉：「鄉鄰有鬪者，被髮纓冠而往救之，則惑也。」「惑」是
心理狀態，以「惑」表「煩惱」，凸顯迷亂的狀態，是一種轉喻。
　　例 33「業從惑生」的「從惑」是介賓結構，「惑因識有」的
「惑」是主語。
　　《佛光大辭典》提到「惑」是煩惱之別名或總稱，即指身心惱

空門。」（T51, no.2076, p0459b23）明代《方冊藏》作「悟」，《大正藏》
作「寤」。

本例的「惑」是主語，本例的「迷」與「悟」相對，「惑苦」與「空明」
相對。佛教有惑、業、苦，參見護法等造，唐玄奘譯《成唯識論》：「復
次生死相續由惑、業、苦。發業潤生煩惱名惑，能感後有諸業名業，業所
引生眾苦名苦。」（T31, no.1585, p0043b19）煩惱又名「惑」，有惑便能
造業，有業便感苦果，如此循環不斷，「惑、業、苦」是三個不同的概念，
本例的「惑苦」結構是並列的短語，而非一個詞。「惑苦」相對的「空明」，
從《宗鏡錄》的敘述可知佛經常稱「虛空」為「空」，見五代延壽（904-975）
集《宗鏡錄》：「若是空明，空應自照。云何中宵雲霧之時不生光曜，當
知是明。」（T48, no.2016, p0523b21）又，「現量」與「空、明」二緣在
唯識學有詳細的闡述，但本例的「空明」應非指「空緣」和「明緣」。

42 參見 〔東漢〕許慎撰，〔清〕段玉裁注：《新添古音說文解字注》，十
篇下，頁 515。

亂之狀態，或總稱妨礙一切覺悟的心之作用。[43]天台宗有「見惑」、「思惑」等等，另外還有「迷理惑」、「迷事惑」、「修惑」種種「惑」。《傳燈錄》名詞的「惑」也分爲兩類：統稱與別稱（次類），基於義位相同原則，擇取表統稱的「惑」（指煩惱），捨除「不斷見思惑」、「惑見紛馳」、「幻惑」（指自幻自生怕怖的惑）之次類例子。

綜合上述，《傳燈錄》的「惑」或雙音「～惑」多是動詞，少數的單音節「惑」是名詞煩惱義，語法功能是當主語或賓語。先秦文獻的「惑」有迷亂、懷疑、不解之意，人有煩惱時，會表現出迷亂不解的模樣，佛經透過轉喻的方式，讓「惑」與「煩惱」變成同義詞，故煩惱義的「惑」具有佛教文化色彩。

六、「纏」組分析

「纏」，《傳燈錄》出現 13 次，扣除動詞和人名、次類名，名詞表煩惱的「纏」有 2 次。

> 34.在纏名如來藏，出纏名大法身。（T51, no.2076, p0440a03）
> 35.心王自在儵然，法性本無十纏。（T51, no.2076, p0450c26）

《說文解字・糸部》記載「纏」是繞也，[44]從以物盤繞紮束引

43　參見釋慈怡主編的《佛光大辭典》第三版，頁 4943「惑」條。

44　參見〔東漢〕許慎撰，〔清〕段玉裁注：《新添古音說文解字注》，十三篇上，頁 653。

申為拘束之意。煩惱能束縛眾生，不得自在，故以繞義之「纏」表示「煩惱」，是一種隱喻。

例 34 的兩個「纏」都當處所賓語，為煩惱之意。「纏」，梵語 bandhana，拘束之意，煩惱的異名。[45]

例 35「十纏」指纏縛眾生的十種煩惱，《俱舍論》談到「十纏」是無慚、無愧、嫉、慳、悔、眠、掉舉、惛沈、忿、覆，這些煩惱會隨著根本煩惱而生，稱隨煩惱。除了「十纏」之外，還有「八纏」之說，結構上，「十纏」是定中式複合詞，指十種煩惱，這十種煩惱相對於根本煩惱而言，是隨煩惱。仔細地說，「十纏」的「纏」是煩惱之意，「無慚、無愧……覆」是隨煩惱，是煩惱的次類。

綜合上述，《傳燈錄》的「纏」多是動詞，少數是表煩惱的「纏」。表煩惱的「纏」多是單音詞，當處所賓語。「纏」之前可受數詞修飾，是可數名詞。「纏」有盤繞紮束之意，與煩惱束縛眾生十分相似，故隱喻為煩惱。

第五節　結語

本章以富有佛教色彩的「煩惱」文化詞進行同義詞的考辨，經過歸納與統計，將《傳燈錄》的名詞「煩惱」同義詞分為六組，分別是「惱」組、「漏」組、「塵」組、「垢」組、「惑」組、「纏」組。

頻率方面，「惱」多以雙音方式出現，特別是「煩惱」（67

---

45 參見釋慈怡主編的《佛光大辭典》第三版，頁 6277「纏」條。

次）佔了絕對優勢，其餘的「惱」（3 次）、「熱惱」（1 次）、「憂惱」（1 次）共計約 0.07％。「漏」多以雙音方式出現，「有漏」（6 次）、「滲漏」（5 次）遠多於「漏」（2 次），單音的「漏」只佔了 0.15％。「塵」（28 次）多以單音方式出現，雙音的「塵埃」（3 次）、「塵勞」（4 次）、「塵垢」（2 次）、「客塵」（2 次）共計約 28％。「垢」（22 次）多以單音方式出現，居絕對優勢，雙音的「塵垢」（2 次）、「垢濁」（1 次）、「垢欲」（1 次）、「痕垢」（1 次）共計約 19％。「惑」（15 次）與「纏」（2 次）都只以單音方式出現。統合六組，發現「煩惱」最多，其次是「無明」（32 次）、「塵」、「垢」。

筆者發現若是典型名詞，如「塵」與「垢」，直接表示煩惱義的頻率較高，反之，形容詞或動詞的「漏」、「惱」，需要透過轉指的手續轉成名詞，直接以單音形式表煩惱義的頻率較低，爲了增加辨識度，這些詞選擇與其他語素結合爲雙音詞，如「熱惱」、「憂惱」、「煩惱」、「有漏」，並且多以定中式或類義的並列式來確立詞類爲名詞。若非這兩種結構，即使變成雙音詞仍有可能被理解爲動詞，例如「滲漏」。至於「惑」、「纏」當名詞時卻仍是單音節，推測「惑」的原因是「～惑」或「惑～」多爲動詞，而部分「～惑」或「惑～」表煩惱的次類，故單音節「惑」表煩惱的統稱。「纏」甚少當名詞，遍尋《傳燈錄》也不過 2 例，難以論斷其由。

就語義上，有些煩惱詞可表示統稱，又表示別稱（次類），例如「見惑」。根據義位同一，統稱與次類不能混淆爲同義詞。依據這個原則，「煩惱」同義詞語義的差異表現在「指稱視角的不同」，例如「惱」、「惑」側重於煩惱時的心理狀態或情緒反應，「漏」、

「纏」側重於煩惱的特徵是不斷漏泄，束縛糾纏。「塵」、「垢」側重於煩惱的本質，是不淨的、染污的。另外，還可從認知機制說明它們之所以能表示煩惱的概念。「漏」、「塵」、「垢」、「纏」基於相似性，以隱喻的方式表示抽象的煩惱。「惱」、「惑」是煩惱的心理狀態之一，基於鄰近性，提取這兩種顯著的狀態表示煩惱。

　　語法上有較多的共性，例如六組的單音詞都可單用，「煩惱」同義詞多可當主語、賓語、定語，而「滲漏」多當賓語。佛教主張要斷除煩惱，與除去義的動詞搭配時，較有特色的是「塵」與「垢」，它們原先是具象之物，可用清洗、擦拭的方式消除，當它們指煩惱時，也可當動詞「洗」、「拂拭」的賓語。另外，像是「滲漏」通常是當動詞「無」與「絕」的賓語。

　　語用上，六組同義詞沒有明顯區別。符合黃金貴所言古漢語同義詞的差異主要是理性意義，而非附加意義（語用層面）。

　　不過，有一點倒是可以補充，在佛教的流派裡，俱舍宗、唯識宗將煩惱細分為許多類型，仔細說明不同類型的差異，《傳燈錄》屬禪宗典籍，所用的煩惱詞通常著眼於「統稱」，較少細談或區分次類煩惱的內部差異，可算是禪宗語言與其他流派的一點不同。

第四章　機緣語句的語言模因

　　一般總認為禪宗文獻艱深不易閱讀，讀了也不知所云，造成不想接觸的心理障礙。這層阻礙在公案中更為明顯，許多公案充斥著種種奇特、無頭緒的對答，形成各式各樣離奇弔詭的話頭。根據習禪者和研究禪思想史學者的經驗表示，如果以平常的邏輯思維理解公案或話頭，唯一的答案是「無解」。

　　每個文本背後都有形成的原因，時代的文化氛圍和宗派的特色等因素的影響下，造就不同的禪宗文本風格。因此，想要瞭解文本的意義，從形成的背景、歸屬流派切入是一條研究進路。

　　文化有許多面向，包含宗教、語言、歷史、政治等等，不管是從歷時發展或從民族、區域共時的角度，都可看到這些面向之間存在一脈相承的類似性，這就是模因（meme）的作用。文化是模因模仿、複製、傳播的產物，模因是文化傳遞的基本單位，亦是大腦的信息單位，我們可以這麼說，《傳燈錄》的機緣語句是模因的體現，運用動態的模因論（memetics）剖析禪師與弟子、參禪者的問答的形式，挖掘禪師們共同的語言模因與個人特色，有助於瞭解對答之間投射出宗派的風格，及其宗派間的牽涉關聯，讓表面上變化多端、難以掌握的的言語對答，總結為幾種類型的語言模因，使艱澀的機緣語句增添理會的可能。

第一節　前言

　　談到禪宗，容易讓人聯想到有趣的公案。那麼，什麼是公案呢？[1]陳士強的主張是：

> 公案，具有典型意義的禪門機緣語句。一切具有啟發禪機作用的言句、行事、偈語、經文等，也稱機緣。唐代禪僧將蘊意深刻的禪門機緣稱為公案，因為這些祖師的言行猶如公府的案牘，是後世揣摩、體會、勘辨、關照、豁然省悟，進入禪境的範例。[2]

　　由上可知，公案是官府的判決是非的案牘，宗門禪師的垂示也有剖斷迷悟的功能，故禪宗公案特指有典型意義的機緣語句，是前輩祖師的言行範例，可藉以評判是非迷悟的憑據。

　　不過，顧偉康也提到公府的案牘（公案）是法律命令、公文的總稱，特徵是至高無上，不可侵犯的權威性，是判斷是非好壞的標準，是人們行為的規範。在這個意義上，禪宗公案與公府公案相通，但在本質、功用、形式內容方面，禪宗公案有自己的特色。本質上，

1　有關公案的定義、形成、演變、價值等問題，黃連忠的第二章曾做過詳盡介紹，將 28 家的說法整理成表。大體而言，諸家對於公案的意義看法大同小異，僅是詳略有別。參見黃連忠：《禪宗公案體相用思想之研究》（臺北：臺灣學生書局，2002 年 9 月），頁 13-124。

2　參見陳士強：《中國佛教百科叢書──經典卷》（臺北：佛光文化，1999 年 8 月），頁 421。

成佛境界是內在、個體的，必須親身體驗，而非社會的規範，是自
覺自願而非被迫，是自由解脫而非束縛障礙。功用上，禪宗公案是
師生、學人之間的啟發，目的在喚起個體的禪體驗。形式內容上，
禪宗公案是越格的言語動作，雖然主張「不立文字」，但又離不開
文字，只好利用語言的多義性，不確定性和合混性，目的在克服禪
宗與語言的矛盾。[3]

　　一則公案經過後人的詮釋和解讀，會形成新的公案，增加新的
意義，形式更加複雜，伴隨著公案的發展，黃連忠整理出公案有多
種別稱，例如機鋒、機緣、機用、機語、機關、禪機、頌古、拈古、
棒喝、評唱、代別、參話頭等等。[4]這些名稱各有所偏，有的是某種
公案類型，有的是概括性稱呼。本文統稱為「機緣語句」，指的是
禪師隨機應緣的問答、舉止作略，用來接引、啟悟學人的教化方法。

　　機緣語句和語錄有什麼關係呢？黃連忠提到說語錄是文體記
錄的形式，內容則是以公案為主體，兩者互為表裏。[5]陳士強提到
燈錄是禪宗傳法世系及相關人物的言語行事彙編，語錄中禪師的參
禪或接引學人的對話、開示等機緣語句亦是參考資料。[6]

　　《傳燈錄》兼具記言體和譜錄體，保留了祖師的機緣語句。六
祖以前的機緣語句，多是詢問佛性生滅、佛教基本問題，如「如何
是西來意」、「如何是祖師西來意」、「如何是佛法大意」和「如

3　參見顧偉康：《拈花微笑──禪宗的機鋒》（昆明：雲南人民出版社，1997
　　年6月），頁119-123。
4　參見黃連忠：《禪宗公案體相用思想之研究》，頁58-60。
5　參見黃連忠：《禪宗公案體相用思想之研究》，頁43。
6　參見陳士強：《中國佛教百科叢書──經典卷》，頁417。

何是道」。以詰問的方式進行，一問一答，扣緊主題，直接了當，讓人當下契證。

後來，南嶽懷讓（677-744）採用不同的接引手段，如利用現實生活的磨磚成鏡動作，製造矛盾，到馬祖道一（709-788）的棒打問話僧，強調「即心即佛」、「平常心是道」，洪州禪已經改變了傳統的表達，營造新的啓悟模式。晚唐五代的五家別具特色的宗風色彩，北宋汾陽善昭（947-1024）歸納的十八問，南宋晦巖智昭《人天眼目》（1188）區分出 31 種公案類型，印證了禪宗的接機手法的多采多姿，饒富變化。

如果從語言的角度來看，巴壺天認爲公案的語言有五個特色：1.雙關性，2.象徵性，3.否定性，4.層次性，5.可取代性。所謂雙關，指語意的雙關，用來勘辨對方的修行境界。所謂象徵，是指用象徵的方法達到語意雙關，表示修道的歷程。如「上孤峰」譬喻聖境，「入草」譬喻凡境，「超凡入聖」即是由芳草登上孤峰。所謂否定性，是用來破除執著，解黏去縛，否定的方法是先後否定、彼此否定。所謂層次性，指禪語具備空、有、中三個層次。所謂可取代性，是用沈默和姿勢行動來取代語言的表達。不過，上述第四點是借用天台宗的「一心三觀」來看公案，屬哲學思想範疇了。[7]

楊惠南區分了三種公案：1.矛盾，2.不可說，3.混用。矛盾公案指透過矛盾的語詞或動作，表達所體悟的眞理。不可說公案是明文說其不可說，或以動作表示其不可說的例子。混用公案指交互混

7　參見巴壺天：《禪骨詩心集──禪學參究者應具有的條件與認識》（臺北：東大圖書，1990 年 3 月再版），頁 12-22。

用前兩種方式，即用矛盾而且不可說的語句或動作，表達內心所體
悟的真理。[8]

　　葛兆光提到在八世紀至九世紀[9]的禪門，禪師常用一種自然如
話的日常語言來說話，這種白話暗示語言與心靈應當回到日常生活
狀態，才可避免扭曲與造作。但是，當日常語言表達的如果是日常
經驗與現象，佛教真理的深刻意味就不能被凸顯並引起思索，會被
平淡無奇的語言所消解，變成「死句」。要使語言文字本身成為意
義，就必須使語言文字有異於日常，使異常的語句引起關注，即是
「活句」。自相矛盾的話在九至十世紀的禪門中非常流行。答非所
問與人們的理性習慣相背離，在百思不得其解中，才會反身尋找超
出理性和邏輯的新境界，這就是後世參話頭、究公案者能開悟的原
因。[10]

　　黃連忠將公案的語言文字結構分為四類：1.語錄文字的問答
體。2.行為輔助的敘述體。3.肢體動作的小說體。4.寄託隱晦的偈
頌體。接著，又把公案的語言與思想特性分為十點：1.粗淺樸實的
俗談野語，2.典雅婉約的詩詞韻語，3.痴瘋顛狂的矛盾反語，4.機
敏迅捷的機鋒遮語，5.峻烈峭拔的危言聳語，6.輕鬆詼諧的生活口
語，7.含蘊深厚的哲理雋語，8.一語雙關的寄託寓言，9.思想行為

8　參見楊惠南：〈論禪宗公案中的矛盾與不可說〉，《禪史與禪思》（臺北：
　　東大圖書，1995 年 4 月），頁 265-269。

9　唐朝的年代起迄為西元 618 至 907 年，即七世紀初葉至十世紀初葉。

10　參見葛兆光：《增訂本中國禪思想史：從六世紀到十世紀》（上海：上海
　　古籍出版社，2008 年 12 月），頁 425-436。

的互取代性，10.跳躍層次的超越特性。[11]

　　整體來看，禪師與學人的對答是很多元的，除了直接切題的回答，還常用間接的方式處理，例如詩偈、隱語、俚語、遮言、符號、動作語等等，只不過談論禪宗語言時，這些間接的手段比直接回應更受矚目，原因是間接的手段讓禪宗語言有寬廣的詮釋空間，甚至帶有修行體驗的只能意會，難以言喻的性質。

　　根據《壇經》的記載，達摩（？-535）傳法給慧可（487-593）時，曾說一偈：「吾本來唐國，傳教救迷情。一花開五葉，結果自然成。」[12]後來惠能（638-713）的禪法傳給青原行思（？-741）、南嶽懷讓，南嶽系分化出溈仰、臨濟，青原系分化出曹洞、雲門、法眼，應驗了達摩的偈語。[13]

11　參見黃連忠：《禪宗公案體相用思想之研究》，頁85-88、105-107。

12　參見周紹良編著：《敦煌寫本《壇經》原本》（北京：文物出版社，1997年12月），頁164。

13　根據法眼文益《宗門十規論·黨護門風不通議論》，晚唐五代禪門其實不只五家，德山、雪峰等各有派別。可見五家之說是後人追溯成立的。更重要的是，禪師經常四處遊歷、參學，例如慧寂禪師早先禮南陽慧忠（675-775）的徒弟耽源應真為師，後來到溈山靈祐（771-853）門下。又如良价禪師曾向南泉普願（748-834）、溈山靈祐、雲嚴曇晟（782-841）學習，所以禪師的思想是綜合性的。由於師承的考據不是本章的重點，姑且依循傳統之說。

附帶一提，五宗史實的師承關係存在許多疑問，許多禪師為了開宗立派，常有攀附前賢之舉，最有名的如天皇道悟的師承曾引起廣泛的討論。而《傳燈錄》的歷史記載亦有許多錯誤，日本柳田聖山曾說《高僧傳》是忠實的傳記資料，《傳燈錄》是老師與弟子，或者修行者之間的禪問答記錄，對

　　就時間上來講，溈仰、臨濟、曹洞創立於晚唐，雲門、法眼創立於五代。就開創者而言，溈仰宗是溈山靈祐（771-853）與仰山慧寂（807-883），臨濟宗是臨濟義玄（？-866），曹洞宗是洞山良价（807-869）與曹山本寂（840-901），雲門宗是雲門文偃（864-949），法眼宗是法眼文益（885-958）。就傳法地域而言，臨濟宗在河北、山東，溈仰宗在湖南、江西，曹洞宗在江西，雲門宗在廣東，法眼宗在江西、浙江，只有臨濟在江北，其餘四宗在江南。[14]

　　禪史的分期中，五宗禪法被稱為分燈禪，本質上普遍具有超越祖佛，強調自性自悟，凸顯參學者自己，認為語言文字有侷限性的特色。晚唐法眼文益《宗門十規論》云：

　　　曹洞則敲唱為用，臨濟則互換為機，韶陽則函蓋截流，溈仰則方圓默契，如谷應韻，似關合符。雖差別於規儀，且無礙於融會。（X63, no.1226, p0037c02）[15]

　　史實不忠實。參見（日）柳田聖山著，毛丹青譯：《禪與中國》（臺北：桂冠圖書，1992年5月），頁127。

14　詳見杜繼文、魏道儒：《中國禪宗通史》第五章（南京：江蘇古籍出版社，1993年8月），頁288-377。洪修平：《中國禪學思想史綱》第八章（南京：南京大學出版社，1994年9月），頁201-222。楊曾文：《唐五代禪宗史》第八章（北京：中國社會科學出版社，1999年5月），頁425-574。洪修平：《禪宗思想的形成與發展（修訂本）》第六章（南京：江蘇古籍出版社，2000年1月），頁325-374。劉果宗：《禪宗思想概說》（臺北：文津出版社，2001年4月），頁153-154。

15　X是指《卍續藏》。

文益是法眼宗開山祖師,是禪門五宗成立最晚的一宗,試圖融合各家的理論,他認為五宗的禪法宗旨沒有顯著差異,只是規儀有別。杜繼文、魏道儒進一步修正文益之說,因為排佛、毀佛與分裂割據的關係,將禪宗的發展推向顛峰。決定禪宗多種型態的因素,主要是所處的時間、地點和社會條件,不全是師資血脈的自我演化,而且各宗差異不只表現在接機授徒等規儀,它們所反應的社會內容和弘揚的旨趣亦有特點。[16]五宗應接學人的方法各有風格,形成門庭施設,是學界的共識。

　　五宗法脈的流傳命運大不相同,可能涉及政治、社會、文化諸多因素,本章關心的是回到教化本身,因為各有施設,能否「得

16　參見杜繼文、魏道儒:《中國禪宗通史》,頁 289、366。持相似觀點的學者還有很多,例如楊曾文:《唐五代禪宗史》序言,頁 6。周裕鍇:《禪宗語言》(杭州:浙江人民出版社,1999 年 12 月),頁 55、81。劉果宗:《禪宗思想概說》,頁 154。

關於宗派成立的歷史,日本阿部肇一曾做過詳細的說明,他提到佛教義理本來以戒定慧來圓成實相,主張宗派的情形總不免偏執一方,因而有教學義理的佛教,與禪定佛教的分別。會昌毀佛以後,佛教僧眾不得不反省,去力行實踐。自毀佛以後,至到唐朝滅亡,可說是新禪宗的誕生,乃至萌芽時期。會昌毀佛對唐末變革期的禪宗是一大轉捩點。北宗禪自此陷入萎縮,興起很多各種派別的實踐佛教,如南宗禪的實踐派,以不立文字與教外別傳,強調以心傳心,憑師僧的經驗判斷思索研究方法。佛教從教理佛教走向實踐佛教,遂致成立曹洞、雲門、臨濟三派。五代到宋初,則出現雲門、法眼。參見(日)阿部肇一著,關世謙譯:《中國禪宗史》(臺北:東大圖書,1999 年 2 月四版),頁 143-145(原名:《增定中國禪宗史の研究》,1986 年 2 月)。

人」，[17]將禪法傳播下去便是關鍵。筆者認爲種種施設、教化，就是一個個模因；禪法的傳播，就是眾多模因的傳遞的結果，模因是否「得人」是禪法能否傳播不息的重要推手。

　　本章先選定一個常見的話頭「如何是佛法大意」，歸納機緣語句的模因類型。然後，再分別進行細部的個案分析，對象是禪門五宗的五位祖師：仰山慧寂、臨濟義玄、曹山本寂、雲門文偃，法眼文益，以《傳燈錄》記載之機緣語句爲材料，觀察他們如何模仿、複製、傳播語言模因。

第二節　模因理論

　　1976 年，英國動物學家 Richard Dawkins（1941-）的 *The Selfish Gene*（自私的基因，2006〔1976〕）第 11 章，模仿 gene（基因）造出 meme（模因），主張文化的發展是模因不斷複製的結果。meme 源自希臘語 mimeme，核心意義爲「模仿」，是通過模仿進行複製、傳播的文化基本單位。[18]何自然、何雪林將 meme 中譯爲模因。[19]

17　北宋佛日契嵩（1007-1072）《傳法正宗記》：「正宗至大鑒傳既廣，而學者遂各務其師之說，天下於是異焉，競自爲家。故有溈仰云者，有曹洞云者，有臨濟云者，有雲門云者，有法眼云者，若此不可悉數。而雲門、臨濟、法眼三家之徒，於今尤盛。溈仰已熄，而曹洞者僅存。綿綿然猶大旱之引孤泉。然其盛衰者，豈法有強弱也？蓋後世相承得人與不得人耳。」（T51, no.2078, p0763c03）

18　Dawkins, Richard. *The Selfish Gene: 30th Anniversary Edition*（New York: Oxford University Press, 2006），p192.

　　儘管模因是模仿基因所形成的概念，但 Dawkins 曾指出兩者的本質有些不同，例如基因通過「遺傳」來繁衍，採代際的「縱向垂直」傳播，模因通過「模仿」來傳播，採「縱向垂直」與「橫向平行」傳遞。[20]基因的代際傳播需要漫長的時間（生物必須成熟才能繁衍後代），模因則不必如此，例如透過網路、電視、廣播、報刊的傳送，舉凡人物、歌曲、商品、言行等都可能快速成名，甚至流傳世界（如圓仔、黃色小鴨、江南 Style、 Apple），故模因的傳播速度與能力遠比基因還快速且強大。

　　對於模因的定義，Dawkins 早期的解釋是文化遺傳單位或模仿單位，模因的類型在生活中有曲調旋律、想法思潮、時髦用語、時尚服飾、搭屋建房、器具製造等模式。[21]後來 Dawkins 又說模因是大腦的信息單位，存於大腦的一個複製因子，在現實世界裡，模因的表現形式有詞語、音樂、圖像、服飾格調，甚至是手勢或臉部表情。[22]而且，成功的模因複製要具備三個指標：保眞度（copying-fidelity）、多產性（fecundity）、長壽性（longevity）。[23]

　　Dawkins 的學生 Blackmore（1951-）在 1999 年出版 *The Meme*

19　參見何自然、何雪林：〈模因論與社會語用〉，《現代外語》第 2 期（2003 年 4 月），頁 201。

20　Dawkins, Richard. *The Selfish Gene: 30th Anniversary Edition*, p192.

21　Dawkins, Richard. *The Selfish Gene.* （New York: Oxford University Press,1976），p206.

22　Dawkins, Richard. *The Extended Phenotype.* （Oxford: Oxford University Press, 1982），p109.

23　Dawkins, Richard. *The Selfish Gene: 30th Anniversary Edition*, p18.

Machine（謎米機器），[24]試圖完善老師的觀點。例如 Blackmore
用比較寬泛的角度界定模因，如觀念、儲存觀念的大腦結構、由大
腦所產生的行為表現，以及存在於書籍、說明書、地圖、樂譜等各
種有關行為的指令信息，任何一個信息只要能通過廣義的模仿而被
複製，就可稱為模因。[25]

　　再如 Dawkins 的保真度一說曾被質疑，原因是基因傳播是數字
化的，因此具備高保真度，模因的傳播則不是如此。Blackmore 進
一步論述模因的高保真度未必和傳遞過程的數字化相關，很多模因
能夠成功傳播是因為「容易被記憶」，而非有多重要或多有用。成
功傳播還特別依賴人的偏好、注意、情緒、願望。[26]

　　順著 Dawkins 與 Blackmore 的邏輯，可知語言是一種模因現象，
語言的單位只要通過模仿得到複製與傳播，便可能成為語言模因。

　　關於模因的傳播途徑，何自然有具體的說明，他稱大腦裡的信
息內容直接得到複製和傳播，屬模因的「基因型」，分為：1.相同
的信息直接傳遞，2.相同的信息以異形傳播。信息的形式被賦予不
同內容而得到橫向擴散和傳播，屬模因的「表現型」，分為：1.同
音異義橫向嫁接，2.同形聯想嫁接，3.同構異義橫向嫁接。這兩種
傳播方式亦道出模因的自我複製和進化發展的規律。[27]

24　中文譯名採自高申春等譯的中譯本書名。

25　Blackmore, Susan. *The Meme Machine*.（Oxford: Oxford University Press,
　　1999），p66.

26　Blackmore, Susan. *The Meme Machine*, p58.

27　參見何自然：〈語言中的模因〉，《語言科學》第 6 期（2005 年 11 月），
　　又收錄於譚占海主編《語言模因研究》（2009 年 8 月），頁 9-12。

　　謝朝群與李冰芸、謝朝群與何自然均認爲語言模因的複製方式是：1.重複，2.類推。在實際互動交際中，許多話語是表達者記憶的再現，是一種重複，表達者也可以在原有基礎上，透過類推的形式創造新的模因變體。[28]

　　究竟模因的傳播是分成基因型、表現型，還是重複和類推呢？何自然主張這兩種說法是不同角度的解釋。[29]但筆者發現這兩種說法有部分的重疊，不是對等的概念，例如基因型是重複所造成的，但表現型的第 2 類同形聯想嫁接亦是重複的結果。而何自然似乎意識到這點，談語言模因的重複與類推時，沒有提到同形聯想嫁接的情況。[30]

　　2005 年，Distin 出版 *The Selfish Meme*（自私的模因），反對 Dawkins 將文化進化與生物進化方式視爲完全相同，質疑 Blackmore 將人類視爲文化的複製機器。主張模因進化是因爲人有意圖（intentional）、意識（conscious）、負責（responsible）的行爲，人可以複製文化，也可以創造文化。[31]是書第五、六章則討論了文化傳播時，模因的變異和篩選。

28　參見謝朝群、李冰芸：〈禮貌・語言・模因〉，《福建師範大學學報（哲社版）》第 3 期（2006 年），又收錄於譚占海主編《語言模因研究》（2009 年 8 月），頁 24。謝朝群、何自然：〈語言模因說略〉，《現代外語》第 1 期（2007 年），又收錄於譚占海主編《語言模因研究》（2009 年 8 月），頁 50。

29　參見何自然：〈語言中的模因〉，頁 273。

30　參見何自然：〈語言中的模因〉，頁 272-277。

31　Distin, Kate. *The Selfish Meme*: *A Critical Reassessment* （Cambridge: Cambridge University Press, 2005）, p5.

　　Distin 提到模因的複製不能簡單等同模仿，複製的過程會產生變體。這一點在 Dawkins 給 Blackmore 的序中亦曾涉及，但 Distin 告訴我們人類控制模因的複製內容與進程，模因會發生變異，變異的原因很多，例如複製過程發生誤差，造成突變（Mutation）或重組（Recombination）。[32]Distin 的重組相當於 Dawkins 與 Blackmore 的模因複合體（memeplexe），複合體可以是新模因與舊模因的重組，或兩個以上舊模因的重組，目的是容易引起注意，獲得複製與傳播，有利於生存。

　　模因的變異如果不能適應環境很快就被淘汰，Distin 主張成功模因的標準不同於 Dawkins 的三個指標，而是：1.模因本身的內容，2.適應其他模因的方式，3.適應人的思想與環境。[33]由此可見，Distin 一再強調人對模因存亡有著主導權，能吸引人們更多注意力，獲得理解、接受後，被記憶保存，才是成功的模因，然而，能被優先選擇的模因必須與當前的文化環境相應。

　　從 Dawkins、Blackmore 到 Distin，確立了模因在文化的傳播與進化中所扮演的角色。語言是文化的載體之一，語言本身是模因，或說模因藏於語言之中，任何的語言成分，如文字、詞語、句子、段落、篇章，只要透過模仿而複製，歷經同化（assimilation）、記憶（retention）、表達（expression）、傳播（transmission）四個生

32　Distin, Kate. *The Selfish Meme: A Critical Reassessment*, p48-54.

33　Ibid., 57.

命週期，[34]如果語言成分能夠引人注意，不斷模仿、複製，變成強勢模因，便能確保其生存。

　　南宋晦巖智昭《人天眼目》（1188）曾經對禪宗的門庭施設有詳盡的批評，如談溈仰宗：

> 父慈子孝，上令下從。爾欲捧飯，我便與羹。爾欲渡江，我便撐船。隔山見烟，便知是火。隔牆見角，便知是牛。……舉緣即用，忘機得體，不過此也。（T48, no.2006, p0323b24）

提到臨濟宗是：

> 大機大用，脫羅籠，出窠臼。虎驟龍奔，星馳電激。轉天關，斡地軸，負衝天意氣。用格外提持，卷舒擒縱，殺活自在。（T48, no.2006, p0311b08）

評論曹洞宗是：

> 家風細密，言行相應。隨機利物，就語接人。（T48, no.2006, p0320c06）

34　Heylighen, Francis.. What makes a meme successful? Selection criteria for cultural evolution. ” *Proceedings of the 15th International Congress on Cybernetics* （1998）, pp.418-423.

雲門宗的宗旨是：

> 絕斷眾流，不容擬議。凡聖無路，情解不通。……大約雲門
> 宗風，孤危聳峻，人難湊泊。非上上根，孰能窺其彷彿哉！
> （T48, no.2006, p0313a23）

法眼宗的宗風是：

> 箭鋒相拄，句意合機，始則行行如也，終則激發，漸服人心，
> 削除情解，調機順物，斥滯磨昏。種種機緣，不盡詳舉。觀
> 及大概，法眼家風，對病施藥，相身裁縫。隨其器量，掃除
> 情解。（T48, no.2006, p0325a02）

　　從上面引述可知《人天眼目》多採文學性的語言來說明五宗門
庭，或是譬喻，或是象徵。但抽象的敘述不易解讀，可能見仁見智，
例如「父慈子孝，上令下從」是指什麼？曹洞的「家風細密，言行
相應」和法眼的「箭鋒相拄，句意合機」有何差別？唯評價雲門宗
「非上上根，孰能窺其彷彿」比較明朗，即能體悟雲門禪機的條件
是根性極利（上上根）。
　　周裕鍇曾指出五家七派的語言個性缺乏嚴格的現代學術的科
學性和系統性說明，對於「口頭禪」、「行話」、「揚眉瞬目」、

「棒喝」、「作勢」、「圓相」可借用模因論來關照。[35]

　　周裕鍇只是點到爲止，筆者認爲他的觀察是正確的。因爲模因是文化的單位、大腦內信息的單位，成功的模因是透過不斷模仿、複製、傳遞，循環不息，發揮影響力。所謂的模仿，是有選擇的模仿。有選擇，意味是經過大腦的認知和心理活動下完成，哪些模因能在競爭中脫穎而出？關鍵在於有良好的內在條件（保眞度、多產性、長壽性）和外在條件（適應性）。

　　從歷時平面來看，禪師的家風代代相傳，相同師承接機風格類似，所以歸爲一派，後來有所分歧，又衍生另一宗派。不論是如實傳承，還是有所革新，都是模因傳遞下的作用。從共時平面來看，同時期禪師各有師承，彼此卻不是全無交流，毫無關聯。修行上，禪宗強調內證的重要，但修行和教化（教育）不同，宗門進行傳承、教化時，免不了訴諸語言，哪些模因脫穎而出成爲教化的語言，這是大腦認知的抉擇，這個抉擇自然是適應於禪師本身的背景涵養、開悟經驗、社會條件。

　　《人天眼目》以抽象、形容式的語言描述宗風特色，是中國傳統評論風格慣用的手法。筆者更有興趣的是哪些模因獲得衆多禪師的青睞，不斷被複製、傳播？強勢模因有什麼特質？透過個案分析，明確彰顯宗門共通的強勢模因，由此顯其同。並且，還能看到某些模因是個別禪師的偏好，甚至成爲該宗的特色，藉此張其異。

35　參見周裕鍇：《禪宗語言研究入門》（上海：復旦大學出版社，2009 年 5 月），頁 102、105-106。

同者，反映強勢模因的傳播是超越界線的；異者，做爲《人天眼目》五宗評價的佐證。

第三節　機緣語句的模因類型

在燈錄或語錄中，有許多唐、五代禪師的機緣語句反覆出現，宋代禪師經常援引解說，變成固定的話頭，形成公案禪，常見例子如馬祖道一的「一口吸盡西江水」、趙州從諗（778-897）的「庭前柏樹子」、「狗子無佛性」、雲門文偃的「乾屎橛」、「東山水上行」、洞山守初的「麻三斤」等等。這些話頭的保眞度高，加上不斷引用，影響層面漸趨擴大，流行時間一長，便成爲著名的公案。本節以「如何是佛法大意」爲例，概括模因的類型。

根據筆者統計，《傳燈錄》的「如何是佛法大意」共出現 55 次。依照「答語的意義」分爲八種模因：1.直問直答，2.拒絕、重複或反問，3.沈默，4.活句，5.格外句，6.鄙言詈語，7.體勢語，8.聲音。[36]

36　每逢分類問題，總有粗細多寡等種種差異。例如蔡榮婷站在禪師的角度，將禪師的接機做了詳細繁雜的分類，只要有一點差異，就獨立成類，例如手部動作分爲一種姿勢與多種姿勢，一種姿勢又分出七小類。另外，她強調禪宗啟悟弟子的方法出自內證經驗，不是思維，禪宗的語言不是思維的結果。參見蔡榮婷：《景德傳燈錄之研究——以禪師啟悟弟子之方法爲中心》第三章、第四章（臺北：政治大學中文所碩士論文，李豐楙先生指導，1984 年 6 月），頁 47-146。

筆者從較寬的角度來分類，不採微觀細分，例如只要牽涉肢體動作、面部表情，就歸入體勢語，不再區分小類。本節的分類僅是研究的權宜之計，

　　第一種「直問直答」，針對問題做切題的回覆，可能是正面肯定的回應，或負面否定的回應，或扣緊問題用譬喻來回應。直問直答共出現 2 次。如：

1. （白居易）又問：「如何是佛法大意？」師曰：「諸惡莫作，眾善奉行。」（T51, no.2076, p0230b03）

2. 僧問：「如何是佛法大意？」師示偈曰：「剎剎現形儀，塵塵具覺知。性源常鼓浪，不悟未曾移。」（T51, no.2076, p0421a17）

　　例 1 是白居易提問，鳥窠道林禪師引佛經的偈頌作答。

　　例 2 是學僧發問，廣原和尚以自擬的禪偈作答。禪偈的形式類似於中國固有的齊言式詩歌。[37]

　　兩例均屬正面肯定的回覆，[38]相當於表詮，遵守了 Grice（1913-1988）的「合作原則」（cooperative principle）的「質的準則」（maxim of quality）和「關聯準則」（maxim of relevance）。[39]

而非定論。筆者同意蔡榮婷之說，禪師種種接機是體悟後的表現，而不是拘泥於第二義諦，教化的用意自然是啟悟學人。筆者將這些接機的手段看成是模因的展現，模因需要經過複製、傳遞，才能確保生生不息。但模因是否能被接受，讓學人得到啟悟的效果，決定權還是在學人，而非禪師。

37 就模因的類型而言，「詩句式」模因屬「表現型」模因，意即複製的是詩歌形式，內容是佛法禪理。

38 唐圭峰宗密（784-841）《禪源諸詮集都序》談遮詮與表詮，提到：「表謂顯其所是……表者直示當體。」（T48, no.2015, p0406a07）

直問直答是最直接的教化手段，義學講師常用教導方式，有些禪師也會直問直答，不厭其煩解釋。以學人的角度而言，正面回話的語言模因溝通上最省力，禪師針對問題，提供真實、切題的回應，遵循共同的原則，互相合作，達到溝通的目的。但以不立文字的層面來說，正面回答可能遮蔽意義，導致「死於句下」。

第二種「拒絕、重複或反問」，即表示拒絕，或重複同一語句，或用疑問、反詰語氣回覆，將問題丟回給學人。共出現2次。

> 3. 問：「如何是佛法大意？」師曰：「直待文殊過，即向爾道。」（T51, no.2076, p0364a17）
>
> 4. 問：「如何是佛法大意？」師曰：「向汝道什麼？」（T51, no.2076, p0412a14）

例3弘通禪師故意開個困難的條件來拒絕回答，言下之意是不可言說。

例4 守仁禪師以疑問或反詰的語氣回答，言外之意是不願回應，將問題丟還學人。

兩例都非正面回覆，改找理由拒絕和疑問反詰，意味答話者不願配合，因為正面回答會落於文字的窠臼，這樣的答語顯然意在言外，第一層意思是禪師不願意回答，第二層意思攸關學人的悟性，能否瞭解禪師的意思是要親身參悟佛法，而非憑藉語言文字來解釋。

39　Grice, Herbert Paul. *Studies in the Way of Words*. （Cambridge, Mass: Harvard University Press, 1989）, pp.26-27.

這類語言模因迴避了第二義的語言文字，答語的表面是沒有回答，或將問題返還，端賴學人的體悟。模因複製的第一階段是「同化」，指模因需要被新宿主注意、理解、接受。拒絕或疑問第一層言外之意可以引起學人的注意，但第二層意義是否能順利被理解是其關鍵，如果無法理解，或者一味就字面逞口舌，[40]便沒有達到啓悟的目的。

第三種「沈默」，指禪師以沈默不語對應，例子僅有 1 次。

> 5. 僧問：「如何是佛法大意？」師默然。（T51, no.2076, p0253c20）

例 5 寶徹禪師爲南嶽系禪師，經常以簡短的詞語或動作語接應僧人，沈默不語也是一種回答，超越語言文字的教化。不過，沈默的模因難以接機，像寶徹禪師的沈默讓僧人百思不解，結果又去問石霜禪師，石霜云：「主人勤拳，帶累闍梨拖泥涉[41]水。」石霜的意思是主人殷勤說了太多，拖累你不能明快的理解。寶徹禪師的沈默在石霜眼中反而是多言了。

根據統計，《傳燈錄》的「師默然」、「師默之」、「師默」

---

40 有些學人請教時咄咄逼人，一定要打破砂鍋問到底，如《傳燈錄・龍牙居遁禪師》：「問：『如何是祖師西來意？』師曰：『待石烏龜解語即向汝道。』曰：『石烏龜語也。』師曰：『向汝道什麼？』」（T51, no.2076, p0337b02）

41 明代《方冊藏》「涉」作「帶」。

共出現 14 次，「良久」有 123 次。[42]禪師的沈默不語表示悟而不答，學僧的沈默可能是契悟了，但更多是不解，疑惑重重。有些禪師沈默過後，反問學人「會麼」，學人坦言「不會」，或者再繼續追問下去。沈默的模因在複製的第一階段便遭遇困難，如果學人無法理解，反墮迷霧之下，就難以領悟。

第四種「活句」常見的有兩種：一是「無義語」，指有語言形式，無表義功能的語句，相當於答非所問，答語本身不是無邏輯，而是就該問題而言，答句和問句不協調、不搭調。有些表面上答非所問的狀況，其實應用了隱喻。另一種是「矛盾語」，問句和答句互為矛盾。

活句模因的複製能力很強，數量多，出現 37 次。[43]例如：

6. 僧問：「如何是佛法大意？」師曰：「廬陵米作麼價？」
  （T51, no.2076, p0240a17）

7. 僧問：「如何是佛法大意？」師云：「蒲華柳絮，竹鍼麻

---

[42] 禪宗語言的「良久」為默然、沈默之意。參見袁賓主編：《禪宗詞典》（武漢：湖北人民出版社，1994 年 1 月），頁 282。

《傳燈錄》的「良久」比「默然」數量更多，而且出現的情境很多元，除了禪師與學人的對答之外，還出現在禪師上堂升座的場景，如馬祖道一上堂後「良久」，用以勘驗教化大眾，百丈見狀收了面前席；或出現在學人身上，如石梯和尚勘辨新僧時，僧人的反應是「良久」，意味他茫然不知。

[43] 某些例子因有模稜，在計量上可能會有出入。例如《傳燈錄・西京光宅寺慧忠禪師》：「僧問：『如何是佛法大意？』師曰：『文殊堂裏萬菩薩。』」（T51, no.2076, p0244a07）慧忠禪師的回答可看成「活句」模因，從另一角度看，答語與問題是相關的，亦可歸入「直問直答」。

線。」（T51, no.2076, p254c14）

8. 問：「如何是佛法大意？」師曰：「始嗟黃葉落，又見柳
   條青。」（T51, no.2076, p0366b11）

9. 問：「如何是佛法大意？」師云：「十年賣炭漢，不知秤
   畔星。」（T51, no.2076, p0260a29）

例 6 僧人問佛法大意，青原行思卻故意以另一個問題帶過，牛
頭不對馬嘴。

例 7 僧人問佛法大意，大梅法常禪師以植物的姿態和日常用具
回應。[44]

例 8 學人問佛法大義，廣德和尚以順應時序的自然現象回覆。

例 9 乍看之下黑眼和尚是答非所問，佛法和賣炭漢有何關係
呢？仔細深究之下，發現他以較婉轉的諷喻將學人譬喻成賣炭漢，
賣炭多年卻還不認識秤桿上的準星。[45]

如果從答語的詞面來解讀，上述均屬無義語，然而禪師的接機
有教化的意圖，活句是透過不著邊際的回答，提醒學人語言文字的
虛妄，佛法不是什麼深不可測的道理，而是回歸現實生活，正視當

---

44 蔡榮婷談到有人會認為禪師的回答表示佛法存在於萬物萬象之中，但禪通
   常不會如此曲折的表現，這個解釋是為了理解對話內容所加的理智分析。
   她認為像大梅禪師的回答只是要幫學生撥除內心的執著，以達明心見性的
   目標。參見蔡榮婷：《景德傳燈錄之研究——以禪師啟悟弟子之方法為中
   心》，頁 70。

45 此例或可歸入「鄙言詈語」類，因為是採婉轉曲折的諷喻，隱含言外之意，
   而非單純、直接的責罵，故放入「活句」類。

下的存在，佛法存在於當下，自身即是佛，不應苦苦向外追求。

　　第五種「格外句」，又稱「格外談」、「出格詞」、「顛倒語」，指超出一般規則之外，顛倒常理的語句。以格外句回應可能與問題有關或無關，[46]但都是不合事理邏輯的。格外句出現了 7 次，分別是：

　　10. 問：「如何是佛法大意？」師曰：「釋迦是牛頭獄卒，祖師是馬面阿婆。」[47]（T51, no.2076, p0287b17）

　　11. 僧問：「如何是佛法大意？」師曰：「華表柱頭木鶴飛。」（T51, no.2076, p0297b01）

　　12. 僧問：「如何是佛法大意？」師曰：「黃河無滴水，華嶽總平治。」[48]（T51, no.2076, p0324c22）

　　13. 問：「如何是佛法大意？」師曰：「苦。」（T51, no.2076, p0341c10）[49]

　　14. 問：「如何是佛法大意？」師曰：「虛空駕鐵船，嶽頂浪滔天。」（T51, no.2076, p0342b05）

46　例 10-16 的「格外句」是與問題無關的答語，也有與問題有關的情形，學人從正面提問，禪師從反面回答，兩者之間形成矛盾，不合邏輯。如《傳燈錄》：「僧問：『如何是修善行人？』師曰：『捻槍帶甲。』云：『如何是作惡行人？』師曰：『修禪入定。』」（T51, no.2076, p0232c22）按理而言，答語互換才合乎常理，便屬「直問直答」。但破竈墮禪師的回答卻不是如此，修善行人與捻槍帶甲是互相矛盾，違背常理，作惡行人與修禪入定也互相矛盾，違背常理，儘管如此，答語和問題是相關的。

47　明代《方冊藏》「婆」作「傍」。

48　明代《方冊藏》「治」作「沈」。

49　此例也可歸入「直問直答」。

15.問：「如何是佛法大意？」師曰：「兩口無一舌。」（T51,
   no.2076, p0377c15）

16.問：「如何是佛法大意？」師曰：「井中紅焰，日裏浮
   漚。」（T51, no.2076, p0404c08）

例 10 奉禪師故意以牛頭獄卒、馬面阿婆稱呼釋迦與祖師，和
一般認知大相逕庭，透過貶低他們的地位，以呵佛罵祖來解構偶像
的崇拜。

例 11 全付禪師的「華表柱頭木鶴飛」化用典故，《搜神後記‧
丁令威》：「丁令威，本遼東人，學道於靈虛山。後化鶴歸遼，集
城門華表柱[50]。時有少年舉弓欲射之。鶴乃飛，徘徊空中而言曰：
『有鳥有鳥丁令威，去家千年今始归。城郭如故人民非，何不學仙
冢壘壘。』」故事是丁令威化鶴回鄉，但全付禪師將鶴鳥改成木鶴，
木鶴能飛違反了常理。

例 12 天福和尚的答語與事實相反，有違常理，黃河怎麼會沒
有水呢？華嶽疑指西嶽華山，《大正藏》「平治」費解，《方冊藏》
作「平沈」，語意是指高大的華山總是低平。[51]

例 13 志圓禪師用「苦」說明佛法大意，與一般認知佛法的美
善精妙是相違的。東吳譯經也有類似的說法，將人世譬喻為「苦
海」，見東吳支謙譯《菩薩本緣經》云：「夫正法者，能護眾生不

---

50 北宋睦庵善卿編正《祖庭事苑》：「古今注曰：『堯設誹謗之木，即華表
   也。以橫木交柱頭，如華形，如桔槔，大路交衢悉設焉。或謂表木以表王
   者納諫，亦表識衢路。』」（X64, no.1261, p0429c20）

51 華嶽為高山之意，或指西嶽華山。考量黃河與華嶽相對，華嶽可能是專指。

墮惡趣，爲度煩惱苦海之人而作橋樑。」（T8, no.0153, p0066c12）
經中將人所處的世界稱爲苦海。其實不只是人世間，只要是生死輪
迴之三界六道，都是苦海，唯有精進修行，如搭乘般若之船便可到
達彼岸，得到解脫。

　　例 14 船在水中行走，浪在水中才會升起，神黨禪師卻說「虛
空駕鐵船，嶽頂浪滔天」。

　　例15 常理是一口有一舌頭，兩口有兩舌頭，傳心大師卻說「兩
口無一舌」。

　　例 16 井水與紅焰相對，太陽與水面泡沫相對，羅漢和尚的回
答顛倒了常理。

　　爲什麼禪師會用「格外句」模因？姚秦鳩磨羅什（344-413）
譯《大智度論》（402-405）：「彼生死爲此岸，涅槃爲彼岸。」
（T25, no.1509, p0145c04）此岸象徵輪迴流轉，彼岸代表超脫輪
迴，此岸的種種現象均是虛妄，禪師刻意用違反常理的格外句來破
壞、瓦解現象世界的經驗。

　　與活句相較，格外句跨越的尺度更大，是詞義組合的偏離，活
句是答非所問或者互爲矛盾，所描述的情境不離現象界，合乎語言
的邏輯。格外句超脫了現象界，是無法想像、詭異荒謬，逸出邏輯
之外，因爲組合新穎，容易引發注意，給人強烈的印象。換句話說，
格外句的核心精神是要學人切勿執著於表象，一旦執著表象，鑽研
思索字句之意，必然陷入矛盾。

　　從模因複製的角度來說，活句與格外句有共同的難題，因爲在
同化階段，答非所問、古怪離奇的回應具有新鮮感，容易引起注意，
製造疑情，但後續的理解、接受，僅憑學人自悟，無法了悟便墮入

迷霧，那麼，如何保證這種模因能有效達到啓悟的目標？

　　雖然筆者僅針對《傳燈錄》「如何是佛法大意」歸納答句的模因類型，但已看到活句的數量比格外句多了五倍之餘，原因是活句取材自日常情景，合乎邏輯與常理，對談當下較容易被選用，格外句要刻意違反邏輯與常理，需要經營、擬議的時間相對較長。周裕鍇便曾批評說格外句明顯帶有人爲思辨的痕跡。[52]

　　第六種「鄙言詈語」，指粗鄙的言語和斥罵之詞。出現 2 次。

　　17.僧問：「如何是佛法大意？」師曰：「驢事未去，馬事到來。」[53]（T51, no.2076, p0285a27）

　　18.問：「如何是佛法大意？」師曰：「喚院主來，遮師僧患顚。」（T51, no.2076, p0294a05）

　　例 17 志勤禪師回答「驢事未去，馬事到來」不是談論驢馬之事，而是藉由粗鄙的「驢事」、「馬事」告訴僧人不該提出這種問題，頗有一波未了，一波又起之意，禪籍還有許多「驢～馬～」，如「驢胎馬腹」、「驢塞馬嘴」、「驢屎馬糞」，都屬俚俗粗鄙之語，如同現代年輕人口語中稱呼不喜歡、不開心的事情爲「鳥事」一樣。

　　例 18 僧人提問後，被文喜禪師罵「患顚」了，才會提出此問。

　　鄙言詈語的模因能達到情緒抒發的效果，但不是正面的教化，

52　參見周裕鍇：《禪宗語言》，頁 295。

53　明代《方冊藏》「去」作「了」。

運用激烈，負面的手段來教化傳法學人能在其中有所體悟，還是只以爲受到責備？這種模因的啓悟效果有限。

第七種「體勢語」，指用身體姿態、手勢、面部表情、目光來說法，例如畫圓相、豎拂子、作勢、棒打、吐舌、揚眉、瞬目。出現 3 次。分別是：

19.有行者問：「如何是佛法大意？」師乃禮拜。（T51, no.2076, p0293c18）

20.先保福和尚問：「如何是佛法大意？」師放下布袋，叉手。（T51, no.2076, p0434a19）

21.問：「如何是佛法大意？」師乃拊掌，呵呵大笑。[54]（T51, no.2076, p0262c08）

例 19 聽到行者的問題之後，景通禪師便禮拜他。接著，行者看到禪師禮拜他，又問：「和尚爲什麼禮俗人？」禪師說：「汝不見道，尊重弟子。」由此可見，景通禪師禮拜的不是外在的俗人，而是禮拜道（佛法），或者說行者即佛。

例 20 布袋和尚的叉手，屬佛教問候的禮儀，表示對佛法的敬意。

例 21 水老和尚是南嶽懷讓的法嗣，喜歡以體勢語傳法，如蹋倒、圓相、撫掌、大笑。學人問了問題，水老和尚只有拊掌、大笑，未以言語回應，是悟而不答的表現手法。

縱然言語會隨著語境改變意義，而有不同的理解，但體勢語的

54　明代《方冊藏》「拊」作「撫」。

即興性、隨意性、靈活性更強，亦會隨著語境與對象產生不同的意涵，換句話說，每一種體勢語有不同的功能，如以手畫圓相的象徵意味強，棒喝截斷言路思緒的力道強。

第八種「聲音」，發出聲音來接機，如喝叱、大叫、噓聲。喝聲出現 1 次。

22.僧問：「如何是佛法大意？」師喝。（T51, no.2076, p0405c55）

例 22 景如禪師的世系承續德山宣鑒（782-865）、感潭資國和尚，洪州禪的傳統是棒喝，德山宣鑒好用動作語中的棒擊接機，資國和尚偏好以打趂來傳法，景如禪師的喝聲應有師承關係，複製了祖師的棒喝模因。

人的聲音反映了生理或心理狀態，在接機過程中，學人提問，禪師出聲，此時的聲音和主觀情緒無關，意在教化，用以截斷思路，阻止擬議，停止繼續用第二義諦設想第一義諦。[55]

宗門和教門、禪學和義學的歧異在於禪宗是教外別傳，禪宗的修行進路是自性自悟，內證實修，不贊成沈溺義海，鑽研經冊。但是，僅憑師徒之間以心傳心、默契意會，卻無法有力保證宗脈能順利延續傳承，所以葛兆光說九世紀以後，禪宗成為佛教主流，更需

55　任珊稱聲音為「類語言」，包含喝聲、嘆詞、擬聲詞等等，大部分來自體驗，處於前語言的認知。參見任珊：《禪語問答的認知語言學關照——以《景德傳燈錄》為中心》（杭州：浙江大學碩士論文，俞忠鑫先生指導，2006 年 1 月），頁 32-33。

要制度化的形式來維持佛教知識的再生產，有些人便承認經典中語言所負載的思想的重要，甚至承認語言本身具有意義。[56]所謂用制度化的形式延續知識，換個角度說，即是如何將模因成功複製、傳遞，讓禪法能廣泛流通，雖然啓悟的本體在於學人自己，但是禪師扮演觸機者的角色，他的語言模因十分重要，能隨緣適性啓悟學人，宗脈才能擴展下去。

本節雖然從單一問題「如何是佛法大意」出發，以其「答語的意義」歸納機緣語句，大致可概括常用的模因輪廓。筆者發現機緣語句的傳播是以「基因型的第二類」居多，即「相同的信息以異形傳播」。例如禪師以活句回應，回應的內容本身有意義，但對問題而言是答非所問，成為無效的回答。為什麼禪師採取無效回答的策略？每個禪師各有自己的一套理由，但共通的原因是要學人跳脫問題的表象，不要執著追問佛法，如果順著學人的思路直問直答，往往落於言詮，陷入葛藤，與自悟背道而馳。

再如禪師以格外句回應，把活句推上極致，違反常規的語言讓聽者一頭霧水，更不可能從答句的邏輯推理出訊息，用意是提醒學人切勿拘泥於表面的語言。

體勢語、鄙言詈語、聲音是比較激烈的另類手段，轉移提問者的注意力，便能阻斷學人繼續思索問題的意義，或引導進入另一層次的問題。

沈默是揭露道的最佳手段，也是禪師開悟境界的展現，因為道無法言說，只能默之。

56　參見葛兆光：《增訂本中國禪思想史：從六世紀到十世紀》，頁 424-425。

這些模因的信息是相似的，旨意是接近的，唯顯露在外的形式有所不同，力道有所差異。

另外，在後面幾節還會看到以「形式」區分模因類型，有些機緣語句在形式上是「詩句式」模因和「移植式」模因，屬於「表現型」模因的活用，「詩句式」模因複製詩歌的齊言等形式，「移植式」模因複製中土常見的名詞、術語。「詩句式」模因和「移植式」模因對於有知識背景的學人、士大夫而言是親切熟悉的，無疑會縮短仕宦與禪師的距離。

爲什麼機緣語句會有多種的模因類型？因爲模因不是百分百如實複製，在傳播時會發生變體，確保自己的生存。強勢模因的條件是高保眞度，複製速度快，產量大。能引起注意，適應其他模因和外在環境，才能通過篩選，存活下去。哪些強勢模因是五家禪師傳法利器，筆者將於後續幾節說明。

第四節　仰山慧寂禪師的語言模因

仰山慧寂的生平記錄見於〈仰山通智大師塔銘〉、《祖堂集》（952）、《宋高僧傳》（988）、《傳燈錄》（1004）、《聯燈會要》（1183）、《五燈會元》（1252）、《佛祖歷代通載》（1341）等等。對於慧寂的俗家事蹟記載不多，只知俗姓葉，韶州懷化人（今廣東省）。十五歲想出家求法，父母不准，二年後，他斷手二指以

明志，參學耽源、溈山、巖頭、石室禪師。[57]《祖堂集》記載曾有 11 位節、察、刺史禮慧寂爲師，可考者有韋宙、鄭愚、陸希聲，另有數百位門徒向他學習佛法。

在哲理脈絡上，溈仰宗風重視體用，上承華嚴的理事圓融。在教化方面，清三山燈來撰（1614-1685），清性統編《五家宗旨纂要》提到：「溈仰宗風，父子一家。師資唱和，語默不露。明暗交馳，體用雙彰。無舌人爲宗，圓相明之。」（X65, no.1282, p0276c07）可見溈仰宗的教化側重含蓄內斂，擅長以「圓相」模因傳法。

「圓相」模因不是溈仰宗所創，根據《人天眼目》：「圓相之作，始於南陽忠國師，以授侍者耽源，源承讖記傳於仰山，遂目爲溈仰宗風。」（T48, no.2006, p0321c10）同書：「仰山親於耽源處受九十七種圓相。」（T48, no.2006, p0322a08）初用圓相者是南陽慧忠，他還在圓相中書寫文字（日字）。[58]此外，馬祖道一、南泉普願、溈山靈祐、仰山慧寂、無等禪師、歸宗智常、西塔光穆、資福貞邃、鹿苑和尙、新羅順之禪師等都曾使用圓相，可見「圓相」模因傳播的範圍廣泛。

《傳燈錄》有關慧寂用圓相的記載有三則：

23.韋宙就溈山請一伽陀，溈山曰：「覿面相呈，猶是鈍漢。豈況形於紙筆！」乃就師請，師於紙上畫一圓相，注云：

57　慧寂的生卒是元和二年六月二十一日生，中和三年二月十三日入滅。參見〔唐〕陸希聲：〈仰山通智大師塔銘〉，收於〔清〕董誥等編《全唐文》卷 813（北京：中華書局，1987 年），頁 8554。

58　參見《傳燈錄・西京光宅寺慧忠禪師》（p0244a07）。

「思而知之，落第二頭。不思而知，落第三首。」（T51, no.2076, p0282a28）

24.問：「如何是祖師意？」師以手於空作圓相，相中書佛字。僧無語。（T51, no.2076, p0282a28）

25.師閉目坐次，有僧潛來身邊立。師開目，於地上作一圓相，相中書水字，顧視其僧，僧無語。（T51, no.2076, p0282a28）

例23 韋宙想向靈祐請一偈頌，未果，又向慧寂請益，慧寂便於紙上畫圓相，並寫上一段文字。由於沒有後續發展，無法得知韋宙能否理解圓相用意。大體上，本次「圓相」模因傳達的是無思，思而知或不思而知都不能得到眞如佛性，即靈祐曾說「以思無思之妙，返思靈焰之無窮。」非思又非不思，才能體悟眞如佛性。

例24 學人問佛教基本問題，慧寂在空中畫圓相，裡面書佛字。不過，這次的啓悟失敗，僧人無法參透，故無言以對。

例25 慧寂在閉目打坐，一名僧人偷偷潛入站在他旁邊，慧寂張開眼睛在地上畫一圓相，裡面書水字，回頭看看僧人。這次的教化又失敗了，僧人無言以對。

雖然《傳燈錄》只有三則紀錄，但已透露了「圓相」模因的教化難度極高，因爲圓相只是符號，符號有不確定性，難以準確傳達意旨。用圓相的禪師不是沒有發現這點，如楊曾文曾提到慧寂的新羅弟子順之曾試圖將圓相系統化，解釋諸多圓相的意義，不過，卻沒有提到慧寂的圓相內書水字是何義，可見從潙仰到順之，師徒倡導以相代言，卻沒有構成獨立的圖象體系，即便《人天眼目》有一

些圓相的解釋，已是宋人的解釋了。[59]而日本忽滑谷快天還批評《人天眼目》的圓相意旨是薰蕕同室。[60]

用模因論來說，「圓相」模因容易引起注意，但不容易理解，難以同化。再者，圓相的保真度很差，意義寓於象徵之中，容易見仁見智，也不成系統。再次，傳播必須有適應性，圓相是禪師境界的表現，相對地，學人必須有良好的根性才可能體察用意。簡單說，領悟圓相的門檻極高，對一般根性的眾生而言過於艱深，故「圓相」模因儘管流行一時，長久來看終究會失去競爭力。

禪師教化是一種教育行為，師生之間能夠配合、互動，教育目的便容易完成。儘管禪宗重視自性自悟，但禪師會開堂升座，宣說佛法，終究要接機應答。應答是要協助弟子起疑情，斷執著，能開悟。「圓相」模因有不確定性，足以引發疑情，可惜的是中等或低下根性的學人難以契入。僅止於起疑，無法啓悟，教化活動還是失敗。固然了悟是份內事，但長久下來，對宗門的擴展和傳承勢必造成極大影響。甚至有些人沈迷於「圓相」模因，遞相模仿，空學形式，忘卻旨意。[61]

59　參見楊曾文：《中國禪宗通史》，頁 329。另外，順之對圓相的解釋，請參見《祖堂集・五冠山瑞雲寺和尚》。

60　參見（日）忽滑谷快天著，朱謙之譯：《中國禪學思想史》（上海：上海古籍出版社，1994 年 5 月），頁 228。

61　參見〔唐〕陸希聲〈仰山通智大師塔銘〉：「而學者往往失旨，揚眉動目，敲木指境，遞相效斅，近於戲笑。」〈仰山通智大師塔銘〉收於〔清〕董誥等編《全唐文》卷 813，頁 8554。

　　除了「圓相」模因之外，慧寂常用模因還有體勢語、直問直答。體勢語的例子，如：

　　26.祐忽問師：「什麼處去來？」師曰：「田中來。」祐曰：
　　　　「田中多少人？」師插鍬而立。祐曰：「今日南山大有人
　　　　刈茅在。」師舉鍬而去。（T51, no.2076, p0282a28）
　　27.鄭愚相公問：「不斷煩惱而入涅槃時如何？」師豎起拂
　　　　子。公曰：「入之一字不要亦得。」師曰：「入之一字不
　　　　為相公。」（T51, no.2076, p0282a28）
　　28.師攜一杖子，僧問：「什麼處得？」師便拈向背後。僧
　　　　無語。（T51, no.2076, p0282a28）

　　例 26 靈祐和慧寂對答的情境是在普請，慧寂隨手以鍬子插地，或舉鍬子離去回應靈祐的問題。

　　例 27 慧寂用豎拂子回應鄭愚，又接著上承鄭愚之問，直問直答，表明入之字不是關鍵。

　　例 28 慧寂拿著杖子，發現僧人執著眼前的杖子，故以拄杖放到背後，在與不在，無所謂得與不得，示般若「空」之不可說。僧人似乎不解其意，無言以對。

　　慧寂的作勢是藉助身邊器物（如鍬子、拂子、杖子、鏡子、枕子）來呈現，或舉起，或豎立，或畫地，或推出，或打破，與臨濟義玄比較起來，算是溫和作勢。「圓相」模因表義不明確，而「體勢語」模因是不具意義，假方便奪粗識，旨在阻斷學人擬議，或表示該問題是不可言說的。看起來「體勢語」模因似乎簡單多了，容

易模仿，但也有不解其義反遭其害的例子，著名的是俱胝和尚慣用
一指示機，童子逕自模仿，後來被和尚削去指頭的故事。

慧寂經常使用「直問直答」模因，扣緊學人的問題，提供切題
回覆，而且還設計問題，反覆引導：

29.僧問：「禪宗頓悟畢竟入門的意如何？」師曰：「此意
　極難。若是祖宗門下上根上智，一聞千悟得大總持。此根
　人難得。其有根微智劣，所以古德道：若不安禪靜慮，到
　遮裏總須茫然。」僧曰：「除此格外，還別有方便令學人
　得入也無？」師曰：「別有別無，令汝心不安。汝是什麼
　處人？」曰：「幽州人。」師曰：「汝還思彼處否？」曰：
　「常思。」師曰：「彼處樓臺林苑，人馬駢闐，汝返思底
　還有許多般也無？」僧曰：「某甲到遮裏，一切不見有。」
　師曰：「汝解猶在境。信位即是，人位即不是。據汝所解，
　只得一玄。得坐披衣，向後自看。」其僧禮謝而去。（T51,
　no.2076, p0282a28）

從例 29 可見慧寂在接引時，能辨析對方的根性引導修行。僧
人不解意義，儘管慧寂提到「別有別無，令汝心不安」，仍為初參
人搭扶梯，假問哪裡人，思念故鄉的情景，逐漸引入，勘辨僧人的
境界，指引後續的修行路徑。幾次直問直答下來，僧人的反應顯然
能理解其意，禮拜而去。此例透露了慧寂的教化功行綿密，井然

有序，溫和親切。[62]

　　「直問直答」模因是訴諸於第二義的言語，就教學效果而言，按部就班，針對根性因材施教，抽絲剝繭，亦能收教化之效。這種模因的保眞度高，較能正確傳達訊息，回覆一次學人不明白，可以再根據時節、根性，設計問題，切題回應，一來一回，不停重複（複製），比較容易讓學人瞭解，順利同化，被記憶、表達、傳播。所以直問直答的教學效果同於撥筍，需要多次反覆操作，屬漸進式的教化。然而，從禪宗的角度來說，透過語言文字的擬議思索，離道遠了。

　　談潙仰宗風，總讓人想起「圓相」模因，其實教化活動不可能全面採取「圓相」模因，就慧寂禪師而言，有直問直答、圓相、體勢語，也有活句、反詰語氣等等，「圓相」模因不是最頻繁，卻最具特色。五宗當中，潙仰宗成立最早，也最早沒落，後世檢討潙仰宗脈較短的原因，除了歸咎於參玄代替參禪，內容少有創新，反應禪學的經院化和脫離大衆的傾向之外，[63]受矚目的「圓相」模因看似簡單，實則奧秘，不利普羅衆生參悟，恐怕也是箇中原因了。

62　慧寂還有一段開示經常被提及，見《傳燈錄》：「師上堂示眾云：『汝等諸人各自回光返顧，莫記吾言。汝無始劫來背明投暗，妄想根深，卒難頓拔。所以假設方便，奪汝麄識。如將黃葉止啼，有什麼是處？亦如人將百種貨物，與金寶作一鋪，貨賣祇擬輕重來機。所以道石頭是真金鋪，我遮裏是雜貨鋪。有人來覓鼠糞，我亦拈與，他來覓真金，我亦拈與。」（T51, no.2076, p0282a28）此則開示透露慧寂總是適性引導，言語和善親切，和《人天眼目》言潙仰宗「爾欲捧飯，我便與羹。……隔牆見角，便知是牛。」互相呼應，顯示潙仰宗風方圓默契，機用圓融，叮嚀懇切。

63　參見楊曾文：《中國禪宗通史》，頁331。

第五節　臨濟義玄禪師的語言模因

　　臨濟義玄的生平紀錄見於《祖堂集》、《宋高僧傳》、《傳燈錄》、《鎮州臨濟慧照禪師語錄》（簡稱《臨濟錄》）、《五燈會元》、《古尊宿語錄》等等。義玄俗姓邢，是曹州南華人（今山東省），自幼聰穎，以孝聞名，精通經論、毗尼（律學）。師承黃蘗希運（？-850），參學大愚。在希運處三問三打，在經大愚的激烈棒打點撥終於啟悟，體悟後沒有拜謝，還反打大愚和希運。有趣的是，兩位禪師的反應很特別，兩人都沒有生氣，大愚說：「汝師黃蘗，非干我事。」希運則哈哈大笑，或反罵義玄瘋癲漢，認可其體悟。[64]

　　義玄與希運的互動比較奇特激烈，例如有次普請時，希運問钁子在那邊，義玄回上座拿去了，接著，義玄用幾個的體勢語回應了希運的問題。又一次普請，希運舉杖子要打義玄，反而被推倒。有一次希運和義玄種植杉樹，希運拿杖子說要打他，義玄發出噓聲，再度獲得認可。還有一次義玄在僧堂裡睡覺，被希運以杖吵醒，他看到後不理會，繼續睡覺，後來得到希運的讚揚。

　　義玄遊歷多方，到處參學，例如靈祐、達磨塔頭、龍光、三峯平和尚、大慈和尚、華嚴、翠峯、象田、明化、鳳林、金牛，或以棒喝交流，或以偈頌鬥機，廣泛吸收諸家要義，擴大視野。這些啟悟和交遊經驗對其教化風格有所幫助，後來他到處傳法，傳法活動

64　義玄啟悟過程在《祖堂集》、《傳燈錄》、《臨濟錄》的記載詳略有別，大致類似。唯《祖堂集》提到義玄是參問大愚兩次後開悟。

受到成德鎮節度使王常侍（王紹毅）、魏博鎮節度使何敬弘的支持，交遊對象有許多是官員、仕紳階級。

談到義玄的門庭施設，有所謂的「臨濟三句」、「四賓主」、「四料簡」、「四照用」、「三玄三要」，主張傳法的師資，需注意適性、適材、適時的要點調整教化方式。但這些都是腦袋中的觀念，實行上需仰賴語言模因的力量。世人都稱臨濟宗風峻烈無比，其實義玄也有頗具文化氣息的語言模因，例如利用士子熟悉的詩句形式來傳法，《臨濟錄》提到「臨濟三句」是：

> 30.僧問：「如何是第一句？」師云：「三要印開朱點側，未容擬議主賓分。」問：「如何是第二句？」師云：「妙解豈容無著問，漚和爭負截流機。」問：「如何是第三句？」師云：「看取棚頭弄傀儡，抽牽都來裏有人。」（T47, no.1985, p0497a15）

例 30「臨濟三句」各自是整齊的七言兩句，雖然沒有嚴守詩歌的格律，但形式確實與詩歌類似。所用的詞語也很講究，第一句「三要印開朱點側」是士大夫熟悉日常詞語，第二句援引無著和尚的故事，第三句透過搬演木偶戲來說理。

除了「臨濟三句」之外，「四料簡」亦採用「詩句式」模因。用「詩句式」模因講述禪法，屬模因的「表現型」。從上述「臨濟三句」可知義玄不但善用「詩句式」模因，還用心經營詞語，將禪法寓於日常生活經驗中，拉近與官員、學人的距離，讓模因能順利被同化、記憶，進而表達、傳播。

　　義玄還曾借用中土名詞或術語的「移植式」模因指稱佛教名詞，例如用「無位眞人」談自性、佛性，原文如後：

> 31.一日上堂曰：「汝等諸人赤肉團上有一無位真人，常向諸人面門出入。汝若不識，但問老僧。」時有僧問：「如何是無位真人？」師便打云：「無位真人是什麼乾屎橛！」（T51，no.2076，p0290a18）

　　例 31 的「赤肉團」、「乾屎橛」，在《祖堂集》中作「五陰身田」、「不淨之物」。所謂「赤肉團」可能指心，或者肉身。「無位眞人」指自性、佛性的隱喻。佛性不可說，義玄卻故意要不瞭解的僧人發問，僧人一旦提問，他又用不淨物或乾屎橛來稱說「無位眞人」。「眞人」在《莊子・大宗師》中指存養本性或修眞得道的人，又見於玄應《一切經音義》，指稱證眞理的人（阿羅漢）。「眞人」亦出現在史書，《史記・秦始皇本紀》記載始皇心慕「眞人」，以此自稱，故「眞人」相當於眞命天子。《漢書・楊惲傳》顏師古注引李奇之言，「眞人」是正人之意，指品行端正的人。義玄借用士子、佛徒已知的「眞人」指稱佛性，詞面形式相同，但實質內容有異，屬「表現型」模因的活用。

　　義玄的「移植式」模因還有「道人」。「無位眞人」又稱爲「無依道人」，指自性、佛性。「道人」在《莊子》的〈秋水〉、〈山木〉中指道德崇高之人，《漢書・京房傳》指有道術者，《三國志・魏志・董卓傳》裴松之注引《獻帝起居注》之「道人」指道教徒。

　　前面提到臨濟打大愚、希運，發出噓聲，以及例 31「無位眞

人」的「打」與「乾屎橛」等等，反映了義玄最擅長的「體勢語」、「聲音」和「鄙言詈語」模因。「體勢語」模因的內涵廣泛，包括激烈的棒打、推倒、潑水、給掌，溫和的舉拂、擲拂、拂袖、吐舌、揖坐、打地。「聲音」模因則有喝聲、噓聲。由於棒打和喝聲經常搭配出現，故合稱「棒喝」。

> 32. 師問樂普云：「從上來一人行棒，一人行喝，阿那箇親？」對曰：「總不親。」師曰：「親處作麼生？」普便喝，師乃打。（T51, no.2076, p0290a18）
>
> 33. 師上堂云：「大眾！夫為法者，不避喪身失命。我於黃蘗和尚處三度喫棒，如蒿枝拂相似。如今更思一頓喫，誰為我下得手？」時有僧曰：「某甲下得手，和尚合喫多少？」師與拄杖，其僧擬接，師便打。（T51, no.2076, p0290a18）
>
> 34. 大覺到參，師舉拂子，大覺敷坐具。師擲下拂子，大覺收坐具，入僧堂。（T51, no.2076, p0290a18）

例 32 是義玄與樂普元安的對機，元安的喝聲和先前的答語互相矛盾，義玄便打了他。這則故事看起來無厘頭，一喝一打，展現彼此的投機。

例 33 義玄提到在希運處三次棒打後的開悟經驗，然後假言施設說想討打，豈料學僧執著於棒打的形式，還問義玄想吃幾棒，義玄當下就不客氣地打了他。這次的棒打不是對機合契，而是要打落學僧的執念。

例 34 大覺禪師來參學，義玄一反常態，採取溫和的舉拂、擲

拂，大覺回以敷坐具、收坐具。舉、擲、展、收都是日常生活的動作，符合修行不離生活，平常心是道，立處皆真之理。此則公案和當年希運入僧堂見義玄打睡的故事有異曲同工之妙。

禪門中，道一、希運、大愚、宣鑑、義玄都用棒喝。道一曾誇張地用腳蹋水老和尚的胸部，宣鑑與義玄則並稱為「德山棒，臨濟喝」，[65]義玄還有「臨濟四喝」之說，提到喝聲有斷惑、醒迷、試探、無義的作用。從例31-34可知棒打的作用與大喝相似，或打落執著，或勘驗境界。

義玄主張般若空觀，依變之境不可執著，這一點在義玄到熊耳塔的故事中可見一端。當時熊耳塔主問「先禮佛，先禮祖」，義玄回說「祖、佛都不禮」，都不可執著。除了看似逾越禮節的不禮拜佛、祖以外，義玄還用更激烈的「鄙言詈語」模因，呵佛罵祖，叱罵學人。《臨濟錄》有一段經典的鄙言詈語：

> 35.十地滿心猶如客作兒，等、妙二覺擔枷鎖漢，羅漢、辟支猶如廁穢，菩提涅槃如繫驢橛。（T47, no.1985, p0497a22）

例35將修行最高境地（十地滿心）的菩薩譬喻為傭夫（為人

---

65 印順（1906-2005）比較洪洲宗和石頭宗的不同，他認為流行於北方的洪州宗是粗暴言詈的，禪師常以打、踏、喝的方式教導弟子。南方的石頭宗比較親切綿密。參見印順法師：《中國禪宗史》（臺北：正聞出版社，2003年8月），頁410-414。

出賣勞力者）。[66]將等覺和妙覺兩種次高和最高的大乘階位，稱爲被枷鎖束縛的人。將羅漢、辟支佛視爲廁所污穢之物。將崇高的覺悟解脫看成繫縛驢子的短木樁。

　　另外，「賊」、「驢」、「草賊」、「俗漢」、「癡頑漢」、「死老漢」、「乾屎橛」、「瞎老禿奴」、「野狐精魅」等等，都是義玄用過的鄙言詈語，尤有甚者是殺佛殺祖、殺父殺母的言論，這些模因傳達的訊息一致，即自信自主。如果認爲祖、佛是絕對實有，值得追求，就會被祖、佛魔攝，有求皆苦。

　　《人天眼目》提到臨濟宗是「虎驟龍奔，星馳電激，……卷舒擒縱，殺活自在」，便是強調能隨順狀況，不拘一格，靈活運用語言、動作來傳法，只不過因爲棒喝、鄙言詈語的模因顯著，故有嚴峻激烈的評價，後世有些禪師以爲臨濟禪法僅於粗暴的棒喝而已，不瞭解臨濟門庭尚有靈活、細膩、知識性的一面，像是「三玄三要」、「四料簡」、「四賓主」、「四照用」，反映了因材施教的觀念。即便撇開這些不談，棒喝本身也非隨意或發洩地胡打亂喝，而是有深層的教化用途。

　　平心而論，「脫羅籠、出窠臼」的出人意表之棒喝，是最強力又迅速的模因了，[67]「棒喝」模因的動作本身沒有意涵，沒有保眞

66　「客作兒」指地位低下，為人出賣勞力之人。北宋末的佛果克勤（1063-1135）《佛果圜悟禪師碧巖錄》：「釋迦牟尼佛，下賤客作兒。」（T48, no.2003, p0183b23）南宋吳曾《能改齋漫錄‧事始二‧俗罵客作》：「江西俚俗罵人，有曰客作兒。」

67　顧偉康提到棒喝的關鍵在於對般若佛性的親知親證，從手段、方法來看，要獲得體悟在於打斷一般、符合日常生活邏輯和語言規範的思路。禪體驗

度的問題，能當下斬斷束縛自性的執著，阻止思慮效果極佳。被棒大喝叱的學人是否能立即頓悟，透脫自在，還需時節因緣的配合。筆者認爲從教學程序來看，不可能僅憑「棒喝」模因傳法，這項推測是可驗證的。從燈錄、語錄等資料顯示對答過程中，首先是有問有答，當學人的反應無法應機時，禪師才會施以喝叱或棒打；抑或學人提問，禪師先回以喝聲，學人若再擬議，才會打他，故順序上喝聲先於棒打。簡言之，喝與棒是一套循序漸進的教化方式，棒打是最後不得不的終極手段。

「鄙言詈語」模因透過言語貶抑或否定一切名稱、概念，阻斷執著的力道稍弱，體悟是瞬間，不假思慮的，若要訴諸言語，便留有間隔，容易使學人停留在言語的表象，困惑於文字，保眞度較低。

早期的佛經翻譯（東漢末年至姚秦鳩摩羅什）借用中土名詞或概念說明佛法義理，稱爲「格義」，[68]這是佛法初傳的權宜之計。義玄的時代早已進入佛經翻譯的成熟期（新譯階段），爲何還要採用「移植式」模因？又爲何義玄的門庭還用「詩句式」模因？恐怕和接機方便有關，交遊對象若是士大夫階級，以其熟悉的語言形式應答傳法，引起他們的注意，一旦獲得注意，引發興趣，就容易被

必須是不假思索，對眞如佛性的把握甚至不存在過程，在時間上沒有間隔，在空間上沒有距離，本質是去分別而得般若。禪宗經常訴諸於象徵和意會，但象徵和意會還是在禪師和眞如之間留下空隙，所以臨濟義玄禪師用棒喝的方式，當頭棒喝才能沒有間隔、沒有距離，體悟眞如。參見顧偉康：《拈花微笑——禪宗的機鋒》，頁 196-199。

68 參見梁慧皎（497-554）《高僧傳》：「時依門徒並世典有功，未善佛理，雅乃與康法朗等以經中事數，擬配外書，爲生解之例，謂之格義。」（T50, no.2059, p0347a18）

接受、記憶、表達並傳遞。從這個角度來說,「詩句式」、「移植式」模因溫和親切,具備文化意涵,用這些模因爭取官員的認同與支持,對禪法流傳、僧團運作和延續都是正向、有利的。

第六節　曹山本寂禪師的語言模因

　　曹山本寂的生平記錄見於《祖堂集》、《宋高僧傳》、《傳燈錄》、《禪林僧寶傳》《五燈會元》等等。本寂俗姓黃,泉州莆田人(今福建省)。《宋高僧傳》提到唐末時,該邑住了許多士子,儒風盛行,有小稷下之稱。本寂年少接觸儒學,博學強記,個性淳粹獨凝,參謁洞山得契。文辭遒麗,富有法才,法席興盛,問學者雲集,多達兩三百人,鎮南節度使、南平郡王鍾傳曾三次迎請未果。

　　北宋覺範慧洪(1071-1128)《禪林僧寶傳》記載洞山秘傳本寂「寶鏡三昧」、「五位顯訣」、「三種滲漏」,被視爲曹洞宗禪法宗旨。從「五位顯訣」、「五位君臣旨訣」、「四賓主」的論述中,不難看出曹洞宗擅長用譬喻、象徵說明體用、理事、空色等問題。後來,本寂還有三種墮、「五位君臣圖」、「五位功勳圖」,以五種圓相和偈頌解釋五位功勳,用《易經》卦象說明五位旨訣,反覆繁瑣,似乎讓禪法更加虛玄隱晦。

　　就本寂和學人的機緣語句來看,也反映出他精於言語接機,而且以「直問直答」、「格外句」、「活句」模因最常見。直問直答的例子如:

　　36.問:「古人云:『人人盡有。』弟子在塵蒙,還有也無?」

師曰:「過手來。」乃點指曰:「一二三四五,足。」(T51, no.2076, p0336a04)

37.問:「學人十二時中如何保任?」師曰:「如經蠱毒之鄉,水不得霑著一滴。」(T51, no.2076, p0336a04)

38.僧清銳問:「某甲孤貧,乞師拯濟。」師曰:「銳闍梨近前來。」銳近前。師曰:「泉州白家酒三盞,猶道未沾脣。」(T51, no.2076, p0336a04)

例 36 弟子問本寂自己是否有佛性?本寂針對問題回覆,但是採譬喻的方式,叫弟子伸手看看手指,五指具足,意味佛性具足。本例屬一問一答的直問直答。

例 37 學人問如何時時保持、鞏固悟解,本寂以經過蠱毒之鄉的譬喻回應,就是要不斷警醒。本例屬一問一答的直問直答。

例 38 僧人清銳以孤貧提問,請禪師提點,本寂順應要求,請他進前,清銳沒有意會出用意,本寂便以喝酒為喻,喝過酒還說沒有沾唇暗示已錯過禪機了。本例屬一問一答的直問直答。

「格外句」和「活句」模因的例子如:

39.師又問:「佛真法身猶若虛空,應物現形如水中月,作麼生說應底道理?」德曰:「如驢覷井。」師曰:「道則太殺道,只道得八成。」德曰:「和尚又如何?」師曰。:「如井覷驢。」(T47, no.1987A, p0627c11)

40.問:「具何知解,善能對眾問難?」師曰:「不呈句。」曰:「問難箇什麼?」師曰:「刀斧斫不入。」曰:「能

怎麼問難，還更有不肯者也無？」師曰：「有。」曰：「是
什麼人？」師曰：「曹山。」（T51, no.2076, p0336a04）

例 39 出自日本指月慧印（1689～1764）校的《撫州曹山元證
禪師語錄》，本寂問德上座對佛真法身顯現的看法，德上座回覆如
驢子看井內的影子，虛幻不實，本寂不滿意，德上座反問本寂，他
竟回以如水井看驢子，將德上座的回覆調整順序，就變成邏輯錯誤
違反常識的句子（格外句）。本寂曾說：「回互者，謂喚那邊作這
邊，令特喚主作賓，喚正作偏，喚君作臣，喚向上作向下。」[69]驢
子觀井和井觀驢子說明指理事間相互涉入，相依相存，但又各有分
位，各住自性，事有區別，理卻統一，互相結合。

例 40 僧人問問難需具備的能力，本寂針對問題直接回答「不
呈句」，僧人疑惑，本寂改用譬喻，說不訴諸言語的力量很強，連
刀斧都砍不進去。僧人繼續問這樣的問難是否有不同意、不認可的
人，有趣的是，曹山竟然說就是自己。整段話輪前後矛盾，意在言
外，本寂究竟肯定或否定「不呈句」？抑或根本不該提出此問？是
一種機貴回互的接機。

本寂還用過「拒絕和重複」模因。如：

41.問：「不與萬法為侶者是什麼人？」師曰：「汝道洪州

69 參見（日）無著道忠：《五家正宗贊助桀》（京都：京都花園大學禪文化
研究所印行），頁 675，筆者尚未找到該書，姑轉引周裕鍇：《禪宗語言》，
頁 69。

裏許多人什麼處去也？」（T51, no.2076, p0336a04）

42.問：「承古有言：『未有一人倒地不因地而起。』如何是倒？」師曰：「肯即是。」曰：「如何是起？」師曰：「起也。」（T51, no.2076, p0336a04）

43.僧問：「三界擾擾，六趣昏昏，如何辨色？」師曰：「不辨色。」僧云：「為甚麼不辨色？」師曰：「若辨色即昏也。」（T47, no.1987A, p0528b11）

　　例41 學人請教真如法性的問題，本寂提出另外一個問題「洪州城裡的許多人到哪裡去了」，該問可能是條件或譬喻，意即如果你能回答我這個問題，我就回答你的問題，或者你問我的問題，就如同我提出的問題一樣，本寂的問題是難以估計，無法回覆的，故學人的問題也是難以回覆的。言下之意就是拒絕回答、不便回答，真如是不可言說的。

　　例42 學人問「倒」，本寂回說願意即是，學人又問相反的動作「起」，本寂順著他的問題，回覆「起」，「起」的答案就是重複問題的一部分，看似沒有回答，也是回答了。

　　例43 僧人提問，本寂直接拒絕回答。僧人繼續發問，本寂改用「直問直答」模因，說明不回答的原因，正巧是僧人的問題「六趣昏昏」。筆者發現本寂有一種固定的接機模式：學人提問→本寂直接拒絕→學人繼續追究→本寂提出說明。類似的例子還有「抱璞投師，請師彫琢」的問題，本寂直接說「不彫琢」表示拒絕，僧人又問，本寂再解釋說「須知曹山好手」。又如「請師向正位中接」

公案[70]亦是如法炮製。

本寂也用「體勢語」模因，如：[71]

> 44.問：「魯祖面壁，用表何事？」師以手掩耳。（T51, no.2076,
> p0336a04）

例 44 學人問達摩祖師面壁的用意，屬佛教的基本問題，本寂以手掩住耳朵回應，表示不可說。

本寂偶爾「沈默」和「鄙言詈語」模因，如：

> 45.師問僧：「時節恁麼熱，向甚處迴避？」僧曰：「鑊頭
> 爐炭裡迴避。」師曰：「彼中若何迴避？」僧曰：「眾
> 苦不能到。」師默置。（T47, no.1987A, p0529a07）
> 46.云：「如何是向上事？」師叱曰：「這奴兒婢子。」（T47,
> no.1987A, p0529c28）

---

70 參見《撫州曹山元證禪師語錄》：「僧云：『某甲從偏位中來，請師向正
位中接。』師曰：『不接。』僧云：『為甚麼不接？』師曰：『恐落偏位
中去。』」（T47, no.1987A, p0528b01）

71 《傳燈錄》：「問：『如何是法身主？』師曰：『謂秦無人。』曰：『遮
箇莫便是否？』師曰：『斬。』」（T51, no.2076, p0336a04）
例中的學人提出法身主之問，本寂回答秦國沒有能人，雞同鴨講，答非所
問，是「活句」模因，學人又繼續問，本寂察覺剛才的活句沒有發揮作用，
便說「斬」，要砍斷思緒擬議，「斬」看似為體勢語，但本寂只是口說，
如果換成義玄則是打下，由此例可知曹洞宗風較為溫和。

例 45 本寂向僧人提問，該僧十分伶俐，用矛盾句來應對，本寂假裝對回答有疑慮，僧人再度解釋，最後獲得本寂的默可。

例 46 學人問佛教的基本問題，本寂一改溫和常態，反加叱責。

從語言的形式來看，本寂發揮他的文學素養，擅長用「詩句式」模因傳法，例如：

47. 師一日入僧堂向火。……僧云：「某甲到這裏却不會。」師曰：「日照寒潭明更明。」（T47, no.1987A, p0528b18）

48. 僧問：「如何是曹山眷屬？」師曰：「白髮連頭戴，頂上一枝花。」（T47, no.1987A, p0529a17）

49. 僧問：「即心即佛即不問，如何是非心非佛？」師曰：「兔角不用無，牛角不用有。」（T47, no.1987A, p0528c05）

50. 僧舉：「藥山問僧：『年多少？』僧曰：『七十二。』藥山曰：『是年七十二麼？』曰：『是。』藥山便打。此意如何？」師曰：「前箭猶似可，後箭射人深。」（T51, no.2076, p0336a04）

例 47「日照寒潭明更明」在形式上是帶有詩意的七言句，內容上是活句模因。

例 48「白髮連頭戴，頂上一枝花」是整齊的五言句，形式上巧用齊言的「詩句式」模因，內容上是「活句」模因。

例 49 兔無角，牛有角是常理，本寂卻故意說「兔角不用無，牛角不用有」，形式上是整齊五言句，內容是「活句」模因。

例 50「前箭猶似可，後箭射人深。」是整齊的五言句，用箭

喻說明藥山接引僧人的手段。

　　綜合上述，本寂慣於言語說理，所用的模因多元，包括直問直答、活句、格外句、拒絕和重複、詩句，也曾用體勢語、沈默以對。從這些機鋒語句可知他的接機風格細密，反反覆覆，不厭其煩，或正或偏，回互不絕，甚至還用圓相、《易經》卦象來論證，如〈曹山五位君臣圖〉、〈五位功勳圖〉，圓相結合卦象，屬於「移植式」模因。

　　直問直答，反覆說理可證明他的細密，撇開這些例子不說，即便是拒絕回答，亦透露其綿密特色。因為他的拒絕是設立機關，拒絕之後會引發學人繼續問下去，然後又可順勢利導。本寂也會用較強烈的手段阻斷學人的擬議，例如大叱、說「斬」。不過，這些手段與臨濟宗風比較起來仍是溫和的，故有「臨濟將軍，曹洞士民」之稱。

　　雖然曹洞宗的法脈最後由道膺一支傳下，然曹洞門庭大抵如此。眾所周知，五家之中臨濟與曹洞的法脈最為綿長，臨濟影響的地域較廣泛，世稱「臨天下，曹一角」。造成這種局勢的原因很複雜，但此非筆者所要處理的問題。不過，曹洞常用幽微的象徵、譬喻、圓相，對知識份子而言或許親切友善，具有吸引力，但對普羅大眾而言，門檻較高，難以瞭解。相反地，臨濟雖然給人嚴峻的感覺，從第五節的論述中，可知他不僅只粗鄙的棒喝、責備，還有一套知識性的教化系統支撐。所以，門庭施設的差異恐怕是分布局面不可忽視的因素之一。

第七節　雲門文偃禪師的語言模因

　　雲門文偃的生平記錄見於〈雲門山光泰禪院匡眞大師行錄〉（949）[72]、《祖堂集》、〈大漢韶州雲門山光泰禪院匡眞大師實性碑並序〉（958）[73]、〈大漢韶州雲門山大覺禪寺大慈匡聖宏明大師碑銘並序〉（964）[74]、《傳燈錄》、《聯燈會要》、《五燈會元》、《古尊宿語錄》等等。文偃俗姓張，姑蘇嘉興人（今浙江省），師從志澄律師，參學陳尊宿（792？-895？）、雪峰義存（822-908），後來又參謁諸方，如蘊和尙、共相和尙、臥龍和尙等等，遍及馬祖系和石頭系禪師。文偃在靈樹如敏禪師（？-917）處擔任首座，如敏去世後，文偃接踵住持，但他一直以義存爲師，故後世將他列入雪峰的法嗣。文偃的傳法受到南漢政權支持，多次入宮說法，甚至劉巖（高祖）想封他爲「左右街大僧錄」，強大的外護讓雲門宗盛行一時，求法者莫可勝紀。

　　有關雲門宗的門庭施設，〈大漢韶州雲門山大覺禪寺大慈匡聖宏明大師碑銘並序〉提到：「師禪河浩淼，聞必驚人。有問禪者，則云正好辨。有問道者，則云透出一字。有問祖師意者，則云日裏

72　〔南漢〕雷岳：〈雲門山光泰禪院匡真大師行錄〉，收錄於北宋守監集《雲門匡真禪師廣錄》，《大正新脩大藏經》第47冊，臺北：新文豐出版社，修訂版一版，1983年。

73　〔南漢〕雷岳：〈大漢韶州雲門山光泰禪院匡真大師實性碑並序〉，收錄於清陸心源編《唐文拾遺》卷48（上海：上海古籍出版社，2002年，《續修四庫全書·集部·總集類》1651年）。

74　〔南漢〕陳守中：〈大漢韶州雲門山大覺禪寺大慈匡聖宏明大師碑銘並序〉，收錄於清董誥等編《全唐文》卷892（北京：中華書局，1987年）。

看山。凡所接對言機，大約如此。」[75]意指文偃總是語出驚人，其
應答接機用語簡潔，或者不正面回答。

筆者分析《傳燈錄》和北宋守監集《雲門匡眞禪師廣錄》的機
緣語句，發現文偃的語言模因有活句、格外句、鄙言詈語、體勢語、
拒絕、直問直答等等，其中「活句」模因的頻繁運用是其特色，呼
應了碑銘的評價，以下舉幾例說明。

51.師上堂云：「諸兄弟盡是諸方參尋知識，決擇生死，到
處豈無尊宿垂慈方便之詞，還有透不得底句麼？出來舉
看，老漢、大家共爾商量。」時有僧出來禮拜，擬舉次，
師云：「去去西天路，迢迢十萬餘。」（T51, no.2076,
p0356b27）

52.問：「如何是佛法大意？」師曰：「春來草自青。」（T51,
no.2076, p0356b27）

53.問：「如何是西來意？」師曰：「河裏失錢河裏漉。」
（T51, no.2076, p0358c11）

54.問：「如何是父母不聽，不得出家？」師曰：「淺。」
曰：「學人不會。」師曰：「深。」（T51, no.2076, p0358c11）

55.問：「如何是啐啄之機？」師云：「響。」（T47, no.1988,
p0545a18）

---

75 參見〔南漢〕陳守中：〈大漢韶州雲門山大覺禪寺大慈匡聖宏明大師碑銘
並序〉，頁9318。

例 51 文偃故意要學人提出遊歷時遇到的不解之句，有人要提問時，他借用五言的「詩句式」模因搶先回覆，內容是描述人盡皆知的常理，西方距離此處非常遙遠。言下之意即佛法不離常理。

例 52 學人問佛教的基本問題，文偃用富涵詩意的句子回應，透過自然的時序的現象，說明佛法寓於自然常理中。

例 53 學人問佛教基本問題，文偃依然以常理（在河裡失錢，便在河裡打撈）回應。

例 54、例 55 是著名的「一字關」，是一種無義語。無論學人的問題爲何，文偃回以不相關的一個字詞，用意在截斷葛藤，提示學人要自尋答案。

「格外句」模因如：

56. 問：「牛頭未見四祖時如何？」師曰：「家家觀世音。」
　　曰：「見後如何？」師曰：「火裏蝦蟆吞大蟲。」（T51,
　　no.2076, p0356b27）

例 56 文偃的第二個回答爲格外句，表面看似荒謬離奇的小蝦蟆吞了大老虎，實際是要截斷學人的思路。

文偃也使用「詈語」模因，例如罵緊抱公案的人是「食人膿唾的掠虛漢」，到處「馳騁驢脣馬觜」，[76] 罵各方禪師爲「老禿奴」，盲目遊方者爲「打野榸漢」，[77] 再如：

76　日本忽滑谷快天提到唐末生看話之風，入五代益盛，取古人話頭妄想以爲　　會佛法，文偃是反對這種風氣的。參見（日）忽滑谷快天著，朱謙之譯：　　《中國禪學思想史》，頁 344。

57.問：「萬機俱盡時如何？」師曰：「與我拈却佛殿來，
　　與汝商量。」曰：「佛殿豈關他事？」師喝曰：「遮謾語
　　漢。」（T51, no.2076, p0358c11）

例 57 文偃第一個回答屬「拒絕」模因，設立了一個困難的條件來回絕，意即不願回答。豈料學人繼續執著，文偃乾脆罵他是說謊的傢伙。

文偃有時用「體勢語」模因，如：

58.問：「如設是最初一句？」師云：「九九八十一。」僧
　　便禮拜。師云：「近前來。」僧便近前，師便打。（T47,
　　no.1988, p0546c18）

例 58 針對學人的第一次提問，文偃回以不相關基礎算數，為「活句」模因，聽到這樣的回答，僧人竟然行禮，文偃察覺對方沒有啓悟，所以再度指點，直接打了僧人。

文偃升堂垂機常用「直問直答」模因，與學人單獨接機時也曾直問直答，由於上堂說法的篇幅較長，此處以機緣對答的語句為例：

59.問：「十二時中如何即得不空過？」師曰：「向什麼處

77　杜繼文、魏道儒提到文偃的總體觀點建立在華嚴宗關於「道」的遍在性上，
　　理在事事，事事具理。他不贊成四處行腳，因為會影響治安、農業競技。
　　參見杜繼文、魏道儒：《中國禪宗通史》，頁358。

> 著此一問？」曰：「學人不會，請師舉。」師曰：「將筆
> 硯來。」僧乃取筆硯來，師作一頌曰：「舉不顧，即差互。
> 擬思量，何劫悟？」（T51, no.2076, p0356b27）

例 59 對於學人的問題，文偃先問從何處得來此問，再者，以詩句明白告知擬議無法領悟的道理。

《人天眼目》提到文偃弟子德山緣密將其教化方式稱作「函蓋乾坤句」、「截斷眾流句」、「隨波逐浪句」，即「雲門三句」。北宋的圓悟克勤（1063-1135）對三句的解釋是：

> 60.本真本空，一色一味，非無妙體，不在躊躇，洞然明白，
> 則函蓋乾坤句也。又云本非解會，排疊將來，不消一字，
> 萬機頓息，則截斷眾流也。又云若許他相見，從苗辨地，
> 因語識人，即隨波逐浪也。（T48, no.2006, p0312a07）

例 60「函蓋乾坤句」指天地萬物都是真如的體現，互相圓融無礙。「截斷眾流句」指佛法問題本身理解擬議所知，應該中斷思維，才能有所體悟。「隨波逐浪句」指隨順學人根性和因緣來引導，應病與藥。文偃所用的「詩句式活句」多屬「函蓋乾坤句」，而活句中的一字關、格外句、罵語、體勢語則是「截斷眾流句」。

對於文偃屢屢使用的「活句」模因能否有效帶來啟悟效果，恐怕難以從《傳燈錄》等資料判斷，因為它們沒有記載學人後續的反應。不過，後世稱雲門宗是「雲門天子」、「雲門一曲」和「雲門劍」，意味門庭高古鋒利，孤危聳峻，擒縱舒卷，縱橫變化，筆者

認為這是「活句」模因的作用，因為活句就是出乎意表，迥異尋常，答非所問，寓意於外。再加上文偃慣用的「一字關」如此簡潔明快，必須學人根性犀利才能配合應機，對一般根性而言，活句尚有隔閡，故在例 57 和例 58 中，看到文偃雖然試著以難題回拒或活句回應，學人卻還是糾纏葛藤，最後只好訴諸激烈的斥責或打落，換句話說，多數學人總執著言語，此時，動用棒喝是強力的終極手段，比活句更直接了當。

第八節　法眼文益禪師的語言模因

法眼文益的生平紀錄見於《宋高僧傳》、《傳燈錄》、《禪林僧寶傳》、《聯燈會要》、《五燈會元》等等。文益俗姓魯，余杭人（今浙江杭州）。向希覺律師學習戒律，此外，他也學習儒典，與儒士交遊，文學素養佳，希覺稱讚是門下的子游、子夏。後來參學長慶慧稜（854-932）、羅漢桂琛（867-928），受桂琛的啟悟，先後住持臨川崇壽院、金陵報恩院、法眼院，深受南唐國主仰重，有「玄沙正宗，中興於江表」美譽，參學者數以千計。

法眼宗興起為五宗最晚，文益的《宗門十規論》針對當時禪師的某些表現和叢林的混亂現象，提出嚴厲批評。他認為許多禪師連心性都未體悟，理事不明，不通教典，鼓吻搖唇，好作歌頌，好爭勝負，忝為人師。文益的禪法雜揉教門思想，〈三界唯心〉頌混合法相唯識和般若空觀，〈華嚴六相義〉頌闡釋華嚴的理事不二，以此為基礎主張一切見成。他還認為禪師應該閱讀經教，援引教法，加上親證親悟，舉揚宗乘。

　　和其他宗派相較，文益的機鋒比較溫和，側重於言語接機，包含「直問直答」、「重複或反問」、「活句」模因。直問直答的例子如：

> 61.子方上座自長慶來，師舉先長慶稜和尚偈而問曰：「作麼生是萬象之中獨露身？」子方舉拂子。師曰：「恁麼會又爭得？」曰：「和尚尊意如何？」師曰：「喚什麼作萬象？」曰：「古人不撥萬象。」師曰：「萬象之中獨露身，說什麼撥不撥？」子方豁然悟解，述偈投誠。（T51, no.2076, p0398b02）

> 62.有俗士獻師畫障子，師看了，問曰：「汝是手巧？心巧？」曰：「心巧。」師曰：「那箇是汝心？」俗士無對。（T51, no.2076, p0398b02）

> 63.問：「如何是正真之道？」師曰：「一願也教汝行，二願也教汝行。」（T51, no.2076, p0398b02）

> 64.問：「如何是諸佛玄旨？」師曰：「是汝也有。」（T51, no.2076, p0398b02）

> 65.問：「如何是第一義？」師曰：「我向汝道，是第二義。」（T51, no.2076, p0398b02）

> 66.僧問：「如何披露，則得與道相應？」師曰：「汝幾時披露，即與道不相應。」（T51, no.2076, p0398b02）

　　例 61「萬象之中獨露身」是慧稜的偈語，文益拿此問慧稜徒弟子方，子方以作勢答之，避免陷落葛藤，文益不認可，問什麼是

萬象，子方回說古人不撥萬象，意即萬象與眞如不可分開。文益接著說萬象與眞如本就融通不二，無所謂分不分離、斷不斷除。在這段機緣語句中，文益用「直問直答」模因扣緊問題，緊抓子方的答語，把握時機，不停追問，累次下來，終於達到效果，子方得已悟入。

　　例62利用送畫障子的機緣，文益設下機關想啓迪俗士，他顯然有所察覺，回答「心巧」，同時落入分別，於是文益扣緊回答，深入逼問：「哪個是你的心？」言下之意心是空相，何有靈巧與否之別？但俗士沒有契悟，答不上話了。這段公案類似菩提達摩爲神光（慧可）「安心」的故事，[78]達摩聽神光說心不安寧，故意要他拿心來，幫他安心，神光回說心不可得，顯然他的修行已經到達一定的境界，達摩順此因緣，便說已經爲你安心了，以空破空，既然心是空幻，如何會有煩惱？例62與達摩的公案均是闡發心不可得的般若空觀。[79]

　　例63學人問正眞的道理，文益直接回應就是要實修實行，屬

78 　《傳燈錄·第二十八祖菩提達磨》：「光曰：『我心未寧，乞師與安。』師曰：『將心來，與汝安。』曰：『覓心了不可得。』師曰：『我與汝安心竟。』」（T51 ,no.2076, p0218c12）

79 　楊惠南提到鈴木大拙等人認爲禪宗公案是在闡述「佛性」眞理，事實上有些公案是在闡述般若思想，把這些公案的不可說，不是因爲日常語言的缺陷，也不是邏輯的限制，而是所要指稱的事物是不存在的（「空」的）。換言之，般若（空）思想不是超語言、超邏輯，是利用反省後的常識即可理解的道理，也就是一個空的、不存在的東西，確實是無法描述的。參見楊惠南：〈論禪宗公案中的矛盾與不可說〉，《禪史與禪思》（臺北：東大圖書，1995年4月），頁261-279。

一問一答的直問直答。類似的說明還有問「十二時中，如何行履？」文益回說：「步步踏著。」意味如平常走路，每一步都蘊含著理體。

　　例 64 學人問諸佛的意旨，文益簡潔回說佛法就在你身上，屬一問一答的直問直答。

　　例 65 學人問第一義，文益表示對你言說就落於第二義了，屬一問一答的直問直答。

　　例 66 學僧問如何表露佛法能與道相應，文益直接回說你幾時表露，便與道不相應，也就是刻意要表述佛法時，已經與道不相應了。[80]此例屬一問一答的直問直答。

　　以《傳燈錄》而言，像例 61、例 62 交代某人提問，問答過程、問答結果的完整紀錄較少，更多的機緣語句是像例 63-66，屬於簡短的條列紀錄，沒有記載學人的名字、法號，以及問答後是否啟悟，或者陷入疑情。從第四節慧寂的多次直問直答和本節的例 61，顯示多次直問直答的操作模式是針對答語再追問，抽絲剝繭，逼入核心，逐層解縛之下，增加學人了悟的機會。一問一答的直問直答，節奏明快，嘎然而止，究竟有沒有啟悟的效果，囿於資料的限制便不得而知了。

　　「重複或反問」和「活句」模因的例子如：

　　67.問：「百年暗室，一燈能破。如何是一燈？」文益回說：

80　顧宏義翻譯文益的回答是：「你什麼時候發揮領悟，卻與佛道不相契合？」將文益之答理解為反詰語氣，有誤。參見　〔北宋〕道原撰，顧宏義注譯：《景德傳燈錄譯注》（上海：上海書店出版社，2010 年 1 月），頁 1854。

「論什麼百年！」（T51, no.2076, p0398b02）

68.問：「十方賢聖皆入此宗，如何是此宗？」師曰：「十
　　方賢聖皆入。」（T51, no.2076, p0398b02）

69.僧問：「如何是第二月？」師曰：「森羅萬象。」曰：
　　「如何是第一月？」師曰：「萬象森羅。」（T51, no.2076,
　　p0398b02）

　　例 67 所謂如何是一燈，即是問如何是佛法（禪法），爲佛教
的基本問題，文益沒有直接解釋，改以反詰語氣回應。

　　例 68 文益的答語擷取了學人之問，也就是重複其問，以有破有。

　　例 69 文益對第二月和第一月的答語語序恰巧相反，用意卻相
同，都是要化解對立、分別，屬異問同答。表面是答非所問，爲「活
句」模因，暗示無情識的自然景象都是佛法、法身的自然顯現，佛
法現成，一切具足。

　　文益擅長用循環論證的方法啓悟學人，靈活運用不同模因，幾
番機關設置之後，繞回問題的原點。

70.僧問：「指即不問，如何是月？」師曰：「阿那箇是汝
　　不問底指？」又僧問：「月即不問，如何是指？」師曰：
　　「月。」曰：「學人問指，和尚為什麼對月？」師曰：
　　「為汝問指。」（T51, no.2076, p0398b02）

71.師問修山主：「毫氂有差，天地懸隔，兄作麼生會？」
　　修曰：「毫氂有差，天地懸隔。」師曰：「恁麼會又爭
　　得？」修曰：「和尚如何？」師曰：「毫氂有差，天地

懸隔。」修便禮拜。（T51, no.2076, p0398b02）

　　例 70 是兩個僧人接力對文益的提問，第一位學僧以《楞嚴經》的典故問文益何謂佛法，是佛教的基本問題。沒想到文益故意問他是哪個手指（言教），第二位僧人見狀改問手指，文益竟回說月，僧人覺得奇怪，再提問，豈料文益卻說因為你問手指。整則公案循環論證，意圖瓦解學人的邏輯思維。指月寓意言教為示機方便而設，但言教本非實相，故你既問我指，指的用意便是月，我回以月即是妥切。

　　例 71 文益和龍濟紹修是同門師友，關係友好。文益問紹修「毫氂有差，天地懸隔」，紹修以重複問題作為回應，文益不同意，紹修反問之，文益又重複問題來回應。這段機緣語句是由「重複」模因組成，尚未體悟時，內心稍有分別，就如天地懸隔，紹修第一次的回答死於句下，沒有領悟，文益提醒他剛才就是毫氂有差，天地懸隔了。文益故意重複問題當成答語，暗示無問、答二元的對立，藉此考驗紹修能否隨機契悟，機鋒過後，《傳燈錄》記載紹修於是禮拜，北宋末南宋初大慧宗杲（1089-1163）的《正法眼藏》（1147）則記載紹修有所省悟。

　　這兩個例子的教化風格與本寂有些類似。[81]反覆綿密，巧設機關，句中藏鋒，一步步順勢削除疑惑，啐啄同時，利濟學人，正是《人天眼目》所言「箭鋒相拄，句意合機，始則行行如也，終則激發，漸服人心」之意。

81　參見本章第六節的例 39 與例 40。

　　洪修平曾敏銳指出法眼宗風簡明處類似雲門，穩密處類似曹洞。接引學人，平淡的語句中深藏機鋒。[82]關於第一點，日本東嶺圓慈編，大觀文珠校的《五家參詳要路門》（1788）已經注意到了：

> 夫雲門、法眼二宗，大概如詩之通韻、叶韻，本出自嚴頭、雪峰下。……故雲門、法眼二宗，言句易迷。（T81, no.2576, p0614c16）

　　雲門和法眼的法脈傳承自嚴頭全豁（谿）、雪峰義存（822-908），兩宗門庭共同點爲「言句易迷」，這主要是「活句」模因的作用，因爲活句表面上是答非所問，易使未契者陷入迷霧中，再者，活句多是簡短的句子，言句簡短加上答非所問，故有「言句易迷」的評價。

　　關於第二點，前面已經提過文益精於言語傳法，循環論證或重複言說與曹洞門庭頗爲近似，可能和法眼、曹洞的法脈源頭均可上溯自青原行思（761-783）──石頭希遷（700-790）一系有關。

第九節　語言模因的力量

　　根據前幾節的討論，筆者從「答語的意義」將機緣語句的語言模因歸納爲八種：1.直問直答，2.拒絕、重複或反問，3.沈默，4.活句，5.格外句，6.鄙言詈語，7.體勢語，8.聲音。從形式上看，有

82　參見洪修平：《禪宗思想的形成與發展（修訂本）》，頁356。

些機緣語句運用「詩句式」和「移植式」模因。

　　仰山慧寂使用的模因有直問直答、圓相、體勢語、活句、反詰語氣等，最常見的直問直答，最具特色的是「圓相」模因。

　　臨濟義玄使用的模因有體勢語、聲音和鄙言詈語等，體勢語和鄙言詈語是其特色。義玄也用「詩句式」、「移植式」模因說法，前者出現在「臨濟三句」等，後者例如「無位真人」、「道人」、「無依道人」。

　　曹山本寂使用的模因有直問直答、格外句、活句、拒絕和重複、體勢語、沈默、鄙言詈語、圓相等，亦長於「詩句式」模因。善用模因綿密說理是其特色。

　　雲門文偃使用的模因有活句、格外句、鄙言詈語、體勢語、拒絕、直問直答等。活句經常以詩句形式出現，有時可能簡潔到「一字關」。

　　法眼文益使用的模因有直問直答、重複或反問、活句等，擅長以多種模因循環論證啟悟學人。

　　比較五位禪師的語言模因，直問直答、活句、體勢語屬於強勢模因。強勢模因最具活力，能夠打破疆界，在不同地域、不同禪師身上不停複製、傳播，複製速度愈快，傳播地區愈廣，確保模因的生存，換個角度說，模因的傳播保障禪法的傳播。個別的特色如慧寂的圓相，義玄的棒喝，本寂的詩句式活句，雲門的一字關，文益綜合模因做循環論證。禪師使用的模因多為「表現型」，意即表面形式相同，實質內容隨著語境改變。

　　強勢模因有什麼特質呢？首先來看「直問直答」模因。

　　直問直答遵守了質的準則和關聯準則，在溝通上最省力。即便

一次直問直答不夠，還可以繼續下一次的直問直答，所以，有許多禪師常以「多次的直問直答」來接機，升堂說法也常用「多次的直問直答」來鋪陳。撥筍式地消除情解，學人便可能因此啓悟。

黃連忠強調公案的對答多半不是「告訴你怎麼做工夫」，而是「將眞實的悟境拿出來」，不說破的是「悟」的一切，以檢驗修行的成果爲主。[83] 乍看下「直問直答」模因似乎就是直說，或者說了太多，悖離公案「不說破」的原則。

其實若回到禪史來看，不說破原則是比較晚期的現象。葛兆光提到早期提問者常常爲尋求對信仰的理解，提出較爲普通而直接的佛學問題，這時的禪宗沒有自己特別的語言系統，對於深切理解佛教基本教義，仍保持著熱心和關心。回答信仰者的疑問，語言也相當直接和確切。後來，漸漸出現一些特殊的問話方式，顯示禪宗開始追求在語言中超越語言，開始用非理論化和非教義化的問題，提出自己的思考並開始消解經典邏輯和義理的束縛，曲折和自然的話語，形成了禪門自己凸顯深刻眞理的語言。這時的回答可以千變萬化，關鍵是否切合當時的環境，來自自然萌生的問題，而回答也要考慮是否出自自心的思考，也就是眞正地隨心所欲。再往後，禪門的特殊語言已經成爲形式，新說法則變成舊典型。[84]

筆者認爲「直問直答」模因是指針對問題做切題回答，不能簡單等於道盡說破。例如慧寂回應「禪宗頓悟畢竟入門的意如何」的公案，巧設「汝是什麼處人」，層層引導，最後答以「汝解猶在境。

83　參見黃連忠：《禪宗公案體相用思想研究》，頁 312。

84　參見葛兆光：《增訂本中國禪思想史：從六世紀到十世紀》，頁 453-454。

信位即是，人位即不是。據汝所解，只得一玄。得坐披衣，向後自看。」亦只是將勘驗的結果告知學人，並未詳述如何領悟的進路。又如文益的「萬象之中獨露身」公案不是全篇大白話，而是用象徵的「萬象之中獨露身」提問，最後再以疑問語氣「萬象之中獨露身，說什麼撥不撥」結束。根據禪籍的記載，禪師升堂說法經常累篇「直問直答」模因，單獨與學人接機時，不避葛藤，直問直答；從禪門發展史來看，8-9 世紀的接引多為直問直答，9 世紀後，變化出多元的接機風貌，添加較多曲折的表達。所以，直問直答與不說破並非對立的概念，彼此互不衝突。

再來看「活句」模因的特質。

謝朝群、何自然提到意義可分為缺省意義和浮現意義，浮現意義由詞面意義或缺省意義組成。模因宿主在交際中賦予新的含義，就是浮現意義，若新的浮現意義頻率較高，得到廣泛的複製和傳播，便可能沈澱下來，成為該詞語的缺省含義。[85]

「活句」模因包含無義語或矛盾語，經常以詩句為外表包裹（從這個角度來說，詩句式模因也算是強勢模因了），特質是不能從詞面意義或缺省意義理解。活句通常是簡潔短小，因為文不對題，或互相矛盾，當下是具有吸引力的，能引起學人的注意。由於活句是隨著語境有不同的浮現意義，想要契入浮現意義必須仰賴時機因緣、學人根性的配合，無法契入時，就是一陣莫名其妙了。

這麼說來，「活句」模因不能保證學人得到啟悟，為何依然是強勢模因？原因是學人總是沈溺葛藤，從經典、文字尋求佛法，禪

85　參見謝朝群、何自然：〈語言模因說略〉，頁 45-46。

師用語言來破語言，以活句的答非所問、互相矛盾，違反質的原則和關聯原則，打破有問有答、直問直答的會話習慣，停止學人繼續琢磨擬議。

接著來看「體勢語」模因。

蔡榮婷認爲啓悟法的達意精確度由高至低是：符號（圓相、文字），語言、語言與動作配合、動作、默。從道的無限性而言，意義愈精確，離道愈遠。以此邏輯推測沈默與動作離道最近。[86]

任珊進一步解釋，援引《詩經‧周南‧關雎》序：「情動於中而形於言，言之不足故嗟歎之，嗟歎之不足故永歌之，永歌之不足，不知手之舞之，足之蹈之也。」任珊認爲聲音（類語言）屬嗟歎，身體語言是傳情的最高階段，棒擊、圓相、叉手隨語境而有不同的意義，體勢語對於不可言說的體驗似乎更有解釋力。[87]

體勢語的範疇較廣，包含作勢、豎拂、垂腳、棒打、畫圓相等等，體勢語沒有固定的意義，或者說隨境有不同的浮現意義。清三山燈來撰，清性統編《五家宗旨纂要》有「濟宗八棒」，用來截斷葛藤、勘辨虛實、印證宗旨、掃除凡聖等等，還有「濟宗四大勢」、「濟宗八大勢」，用來借假名眞、暗設機關、從正接人等等。圓相有象徵通達無礙的心性，或理事的圓融統一的用途。落實在傳播活動時，圓相是體勢語當中較爲弱勢的模因，因爲它難以正確傳達旨意，通常需要其他的輔助方式搭配，例如仰山的圓相經常和文字共

---

86 參見蔡榮婷：《景德傳燈錄之研究──以禪師啟悟弟子之方法爲中心》，頁 142。

87 參見任珊：《禪語問答的認知語言學觀照──以《景德傳燈錄》爲中心》，頁 33-34。

現，本寂的圓相搭配《易經》卦象說法，更添玄虛隱晦。

　　本章第二節提及不論哪一種模因，若要成功傳播的話，Blackmore 認為必須依賴人的偏好、注意、情緒、願望。Distin 則認為能被優先選擇的模因必須與當前的文化環境相應。

　　筆者認為所謂依賴人的偏好、注意、情緒、願望，放在禪法傳播來說，就是教化活動是否能有效協助學人信眾契入自性，啓悟是需要雙方合作無間，相互應和。禪師的語言模因雖然是當下的自然流露，不是先行刻意的安排，但為何習慣使用某些模因，操之於知識背景、個人偏好、時機因緣等因素，再者，學人也有喜好、根器、程度的問題，每一次的對答要用哪種模因能達到啓悟（或至少阻斷思路，引發疑情），得靠禪師的觀察。

　　所謂與文化環境相應，指能融入對方熟悉的文化背景中接機，被接受的可能性隨之提高。禪師的「詩句式」模因、「移植式」模因便是順應策略的展現，詩歌和道家的思想是知識份子熟悉的強勢模因，能爭取官員、士大夫階級認同，甚至是君主的護持，對於禪法的流布、叢林的擴展是正向的助力。詩句式和移植式相較下，前者更為強勢。文益《宗門十規論》提到禪師的偈頌分成兩類，一種是爛漫有文，需考究聲律；一種是任情直吐，似野語俗談。[88]同樣是作詩造句，本寂與文益的詩句遣詞典雅，義玄、文偃的遣詞比較俚俗。

88　參見文益《宗門十規論・不關聲律不達理道好作歌頌》：「稍睹諸方宗匠，參學上流，以歌頌為等閒，將製作為末事。任情直吐，多類於埜談；率意便成，絕肖於俗語。……不見華嚴萬偈，祖頌千篇，俱爛熳而有文，悉精純而靡雜。豈同猥俗，兼糅戲諧。」（X62, no.1226, p0038b19）

模因在傳播中會互相影響與支持，組成更大的模因複合體，更有利於生存。就如同禪師與學人信眾的對答，往往會組合不同的模因，變化出多樣的搭配模式，例如先直問直答，後用活句；先畫個圓相，再書文字；先直問直答，再用體勢語，最後用罵語。原因是單用一種模因，學人可能無法體悟，依然執著不放，所以再結合其他模因，模因複合體的力量較強，不厭其煩，接二連三指點提撥，逐漸剔除執迷。

禪師可以自由無礙，無拘無束，活用各式各樣的模因複合體，以種種方便、機用教化眾生，讓對答的過程富有一種動態的遊戲感，更加生動有趣，即宗門所謂的「遊戲三昧」。[89]

由此可見，成功的模因具備強大的傳播力量，透過語言模因傳遞禪法，能打破空間限制，快速吸收學侶，壯大叢林，延續法脈。而模因複合體的組合能夠豐富機緣語句的樣貌，爲教化活動注入源源不斷的活力，是一股正面的啓悟力量。

然而，語言模因的力量是否發揮得宜，端賴禪師操作是否得當。一旦使用不當便會適得其反，造成負面的影響。歷史告訴我們，當操作語言模因的禪師缺乏見地、證量和心力，盲目亂用棒喝、詩句式活句、作勢等等，逕將語言模因當作展示機巧才智的工具，玩弄模因的結果就造成當年文益憂心的宗門亂象了。

---

[89] 吳汝鈞解釋游戲三昧是禪者或覺悟者以三昧爲基礎，在世間自在無礙地進行種種教化、點化、轉化的工夫，對於不同情境、條件的眾生，皆能自在拈弄，以適切的手法或方便去回應，使他們都得益，最後得到覺悟。參見吳汝鈞：《游戲三昧——禪的美學情調》（臺北：臺灣學生書局，1993年2月），頁164-166。

第五章　詩句式模因的個案分析

　　本章承接第四章的論述，該章宏觀地歸納五家禪師共同的語言模因與個別的特色，本章採取微觀調查，針對單一個案進行剖析與討論。

　　第四章的結語提到「活句」模因屬強勢模因，而活句常用「詩句」做包裝，從這個角度來看，詩句亦屬強勢模因。故本章的個案分析，便以禪林中師資對答所用的詩句爲對象。「詩句式」模因具體的表現可分爲兩類：「以詩明禪的禪偈」與「師資對答的詩句」，它們與禪師的日常生活、教學活動密切相關，總是出現在師資對答、讚揚明志、啓悟教導、示化傳法等場景。兩者相輔相成，構成機緣語句的某些片段，是語錄的一部分。不論是禪偈或對答詩句，都是「詩句式」模因的應用。

　　本章依然以模因論爲基礎，檢視禪偈與對答詩句如何傳承與變異，釐析詩句式模因的「特質」，以理解禪師們爲何偏好以詩句傳法辨機，這些詩句式模因是如何模仿、複製，傳播於各地。

第一節　前言

　　東漢末年佛教傳入中國，興起了漢譯佛典的事業。湯用彤曾提

到自兩晉佛教隆盛以後，士大夫與佛教之關係有三種：一爲玄理之契合，一爲文字之因緣，一爲生死之恐懼。所謂文字的因緣指文學方面的影響。[1]

眾所周知，佛教傳入對中國文學灌注新的元素和活力，孫昌武曾概括說從道安開始，中土漸多長於文學的僧人。這是由於一些精通外典者加入僧侶隊伍，另一方面文人也受佛教浸染。寫出一些宣揚佛教的作品。隨著時代的推移，晚唐五代的南宗五家在接引學人的方式，特別是上堂示法、互鬥機鋒，突出發展了語言藝術，對後來文學影響很大。晚唐文人大多傾心佛教，如李商隱等人的生活與創作都與佛教有密切關係。[2]

文學範疇十分廣泛，若將焦點縮小到「偈頌」，也充分反映了佛教的影響。如顏洽茂提到偈頌（指漢譯經偈）是以無韻的詩體來迻譯，有四點特色：1.不押韻，2.以五字偈或七字偈爲常見，3.長偈（數十句、百句以上）遠多於短偈（四句、八句、十二句），4.爲了滿足字數要求，語義或語詞有割裂現象。[3]

1　參見湯用彤：《隋唐佛教史稿》（北京：中華書局，1982 年 8 月），頁 193-194。

2　參見孫昌武：《佛教與中國文學（第 2 版）》（上海：上海人民出版社，2007 年 6 月），頁 55、112。該書第三章「佛教與中國文學創作」（頁 170-250）分門別類詳述散文、詩歌、小說、戲曲、俗講與變文、寶卷的影響。

3　參見顏洽茂：《魏晉南北朝佛經詞彙研究》（高雄：佛光山文教基金會，2002 年 8 月，原是杭州大學中文系博士論文，蔣禮鴻先生指導，1992 年），頁 32-39。

　　孫尙勇指出在資料保存的完整性上，漢譯偈頌遠遠超過中古詩歌。漢譯偈頌的數量龐大，五言四句在後漢有 15 首，三國有 35 首，西晉則高達 218 首；七言四句在竺法護譯《修行道地經》中就有105 首。時代方面，竺法護譯偈中的七言四句遠遠早於〈豫州耆老爲祖逖歌〉，七言體譯偈也早於曹丕的〈燕歌行〉。[4]

　　再如王晴慧提到漢譯偈頌的形式脫胎於中土詩歌，採用中土所流行的四、五、七言形式。而偈頌的形式影響中土長篇敘事詩。內容上，偈頌對中土的玄言詩、佛理詩、宮體詩有所影響。修辭的表現是山水詩的窮形盡相、永明的白話詩風、宮體詩的寫實白描。[5]

　　偈頌是個統稱，張昌紅將偈頌分成「漢譯經偈」與「僧俗詩偈」。經偈譯自韻文的伽陀（梵語 gāthā）與祇夜（梵語 geya），詩偈是僧俗人士對經偈的仿作，包含佛理偈、頌古、有韻法語等等。[6]筆者認爲張昌紅所言類型的功能和創作過程不盡相同，而且「僧俗詩偈」的涵蓋範圍太大，可再細分爲「禪偈」和「詩偈」（一般偈頌）[7]。

4　參見孫尙勇：〈中古漢譯佛經偈頌體式研究〉，《普門學報》第 27 期（2005年 5 月），頁 1-22。

5　參見王晴慧：《六朝漢譯佛典偈頌與詩歌之研究》（臺北：花木蘭文化出版社，2006 年 3 月），頁 161-165。

6　參見張昌紅：〈論詩、偈的異同及偈頌的詩化〉，《河南師範大學學報》（哲社版）第 6 期（2012 年），頁 155。

7　「詩偈」一詞最早見於陳尙君輯校《全唐詩補編・續拾・龐蘊》卷二十、卷二十一（北京：中華書局，1992 年 10 月）。唐宋有不少文人創作詩偈，如李白、王維、白居易、蘇軾。

「禪偈」和「詩偈」（一般偈頌）有何差異呢？筆者採用孫昌武之說，從「體制」上區別，一般偈頌獨立成篇，禪偈是把詩用在說禪的言句之中，與一定的情節結合，詩或詩句夾用在傳法的故事中，是語錄的一個構成部分，是語錄發展到一定階段更靈活地運用偈頌的方式。[8]

本章探討的是「以詩明禪的禪偈」和「師資對答的詩句」。[9]

所謂「以詩明禪的禪偈」，指師資問答活動中，佛陀、祖師、尊者、僧人、居士用「完整的偈或頌」表述修行、勘驗悟境，引導啟悟、示化傳法。述說者身分必須是佛陀或佛教人士，而非世俗文人或士大夫。[10]禪偈出現時會明言「偈」或「頌」，禪偈的音節數不定，長短不一，多為「五言四句」，更重要的是，它是一首完整的偈頌。

所謂「師資對答的詩句」，指宗門的教學或辯難，學人提問，禪師用「詩句」回答，或問答雙方都使用詩句，本章均統稱「對答詩句」。詩句的音節數不定，以五言或七言為主，句數是「單句」或「雙句」。

8　參見孫昌武：《禪思與詩情》（北京：中華書局，1997 年 8 月），頁 410。另外，周裕鍇強調偈頌和僧詩有兩點差異，在功能上，禪師作偈主要在示法啟悟，作詩主要為了娛情適意。在創作過程上，禪偈因機致教，唯重簡捷，僧詩常常苦吟而成，句斟字酌。在語言風格上，偈頌的禪語入詩是理障，詩歌的藻飾修辭又有執著文字之嫌。參見周裕鍇：《中國禪宗與詩歌》（上海：上海人民出版社，1992 年 7 月），頁 39-40。

9　「以詩明禪的禪偈」與「師資對答的詩句」的命名靈感來自孫昌武：《禪思與詩情》第十三章〈以詩說禪〉，頁 407-439。

10　文人與士大夫的偈頌如《傳燈錄》卷九收有裴休的〈傳心偈〉。

　　禪偈和對答詩句共同點是：兩者皆和禪師的日常生活、教學活動息息相關，出現在師資對答、讚揚明志、啓悟教導、示化傳法等場景，兩者相輔相成，共同組成機緣語句的某些片段，是語錄的構成部分。兩者不同之處是完整性與否，儘管對答詩句的音節數也不固定，但句數只有「單句」或「兩句」，不是一首句數在四句以上的完整禪偈。

　　根據上面的介紹，大概可知偈頌是佛教關心的課題，也是佛經文學的主題之一，研究偈頌的前賢猶如過江之鯽，但多是從佛教思想和文學史的角度切入。周裕鍇提到從動態符號學模因論的角度關照禪宗語言現象，可探究出禪宗語言複製、傳播和交流的一般規律。[11] 周裕鍇只是蜻蜓點水地道出想法，沒有仔細地說明並落實主張，就筆者所知，目前尚無人回應他的想法。筆者認為周裕鍇的建議是可行的，利用模因論可開啓禪宗語言動態傳播時的另一片視野。由於禪宗的語言現象繁多，最受矚目的是體勢語，但詩句入禪也是特色，因此，本章以「詩句」為題，嘗試從模因傳播的觀點研究宗門詩句的發展和演變。

　　為什麼選擇「禪偈」與「對答詩句」呢？

　　因為它們所用的語言屬活潑的口語，儘管無法完全排除輯錄時增刪潤飾或文字出入，但它們活躍在交際語境是不爭的事實。[12] 面

11　參見周裕鍇：《禪宗語言研究入門》（上海：復旦大學出版社，2009），頁 105-106。

12　《傳燈錄・衡嶽慧思禪師》：「凡有著述，皆口授，無所刪改。」（T51, no.2076, p0431b14）這段記載說明慧思禪師擁有縝密的思維及良好的表達

對面的言語交際和說法活動是即時的，脫口即成，琢磨思索的時間
遠不如書面作品。更何況禪宗重視因機施教，電光石火，迅捷穎銳，
隨問隨答，不假雕飾，《傳燈錄》隨處拈來的禪偈與對答詩句，當
中不乏形式或性質極為優美之作，充分說明了唐五代禪師與僧人操
作「詩句式」模因的熟稔程度，顯示「詩句式」模因在傳法活動中
扮演著重要的角色。

　　那麼，為什麼要以模因論觀察禪偈和對答詩句的發展呢？

　　因為佛教文學或禪宗史總是從外在條件理解禪偈的發展，例如
主張禪語和詩語有共通點、禪師與文人仕宦的往來交流密切、禪師
嫻熟外典、唐代是詩歌王國等等。[13]不可否認外在條件是原因之
一，但禪師選用詩句，是否意味著詩句本身具備某些傳法的優勢，
否則，僅憑外在條件是難以解釋禪林詩句的流行，例如雖然唐代是
詩的國度，但文、賦、策等不也是文人擅長，它們還列入科舉考試
的項目，[14]為何禪師不用其他體裁論辯、應答，更顯其多才多藝，
而特別偏好詩的體裁呢？

　　能力，儘管這是慧思個人能力的展現，卻也反映了當時禪師的傳法活動建
　　立在口語基礎上。

　　另外，孫昌武提到語錄以對話為主體，從形成過程看，應是先有流傳叢林
　　的對話，然後才被整理記錄下來。許多語錄記載的對話口語逼真，讓人如
　　見其人。參見孫昌武：《禪思與詩情》，頁 291-301。

13　參見葛兆光：《增訂本中國禪思想史：從六世紀到十世紀》（上海：上海
　　古籍出版社，2008 年 12 月），頁 435。

14　有關唐代科舉的考科，可參見 〔北宋〕歐陽修（1007-1072）、宋祁
　　（998-1061）：《新唐書·卷四十四·選舉志上》（臺北：鼎文書局，1981
　　年），頁 1166-1168。

筆者認爲主要原因是詩歌的內在特質促使禪師選擇它,外在條件僅是助緣。在文學領域裡,詩句是人們熟悉的體裁,深受大衆的喜愛,打從先秦詩經一路到現代詩,詩句打破了時空限制,難以估計的詩歌作品便是最好的證據。用模因論的話來說,詩句是一種強勢模因,和其他體裁競爭後順利脫穎而出,進入宗門的傳法活動,改變偈頌的風格。模因論正好是談文化的傳播現象,轉換視角可以讓我們了解詩句模因如何操作,如何在禪林發展和傳播開來,甚至締造出周裕鍇所謂「以詩證禪」、「詩禪相融」的盛況。[15]

禪籍的禪偈或詩句總是從一個禪師身上傳到另一個弟子和禪師,它的流通是打破空間與時間,不停在不同人身上拓展傳遞,可見「詩句」是模因現象。模因的生存必須透過模仿複製並傳遞,禪偈和對答詩句的模因應該有「模仿的對象」,而非無中生有。參照佛典和中國文學發展脈絡,筆者假設:「禪林詩句模仿的對象分別是漢譯佛典的偈頌與古典詩歌。按照形式和性質兩方面檢驗,早期模仿的是經偈,後來模仿詩歌,使得禪林詩句漸臻成熟。」

第二節　詩歌的特徵

顧名思義,「詩句式」模因與詩歌[16]是相關的,在展開討論之前,先來看看什麼是詩歌,詩歌具備哪些特徵。

15　參見周裕鍇:《禪宗語言》(杭州:浙江人民出版社,1999 年 12 月),頁 178。

16　嚴格而言,歌與詩在時代先後、內容、形式、語言上均有不同;籠統言之,詩歌是泛指各種體裁的詩。本文採取寬鬆認定。有關歌與詩的差異,可參

　　根據《中國大百科全書智慧藏》（以下簡稱《大百科》），詩歌的特點是抒情性、音樂性、語言的高度凝練和形象化，其中的音樂性是指節奏、音調、押韻。節奏是語音排列次序不同而形成的有規律的抑揚頓挫，包含情感流動（內在節奏）、頓數、字數、平仄格律（外在節奏）。押韻是在詩句的末尾使用韻母相同的字，又稱韻腳。[17]

　　《文學百科大辭典》（以下簡稱《文學百科》）對詩歌的記載是：

　　　　一種以高度精煉的語言，飽和著作者豐富的感情和想像，集中地反應社會生活，並具有一定的節奏和韻律的文學體裁。[18]

與《大百科》的歸納相似，《文學百科》將詩歌的特點分成四點：1.抒情性，2.凝練性，3.想像性，4.音樂。值得注意的是，《文學

　　見吳琦幸：〈古代歌詩緣起論〉，《文化語言新論》（上海：上海古籍出版社，2003 年 1 月），頁 105-122，

17　《中國大百科全書智慧藏》網址：http://info.lib.tku.edu.tw/ebook/redirect.asp?bibid=78948 full text，查詢日期：2013.9.2。

18　參見胡靜署、陳有進、王富仁、程郁綴主編：《文學百科大辭典》（北京：華齡出版社，1991 年 1 月），頁 18-19。有關詩歌的解釋，另可參見陳紹偉編：《詩歌辭典》（廣州：花城出版社，1986 年 10 月），頁 1。知識出版社編：《文學百科辭典》（北京：知識出版社，1991 年 4 月），頁 695。趙潤峰主編：《文學知識大觀》第一卷（長春：時代文藝出版社，2009 年 12 月），頁 93。其中，《詩歌辭典》、《文學知識大觀》兩書還提到詩歌一般分行排列。

百科》提到音樂性包含韻律和節奏，押韻與否不是詩歌外在形式的標誌，不是使詩歌具有音樂性的唯一手段。對詩歌音樂性而言，節奏是更重要的因素。詩的節奏是指由於語言的不同排列組合而形成有規律的抑揚頓挫，而這種排列組合完全取決於詩人抒發感情的需要。詩歌押韻或不押韻都有音樂性，整齊或參差不齊也有音樂性。

　　吳戰壘、徐志平與黃錦珠均強調詩的本質是抒情。[19]吳戰壘認為抒情不像敘述那樣明白準確，可以偏離日常語言。詩歌的抒情本性決定了形式的聲律化，聲律分為內在節奏與外在節奏，內在節奏指情緒的統一和變化，外在節奏分為音節組合、平仄、對仗、押韻。內在節奏比外在節奏重要。[20]

　　從原型（prototype）來看，詩歌屬文學範疇的一種類型，上揭諸說是針對「典型」詩歌而言，意即在詩歌範疇中，具備愈多特徵或屬性者，家族相似性愈大，愈佔中心的位置，便是典型成員。[21]

19　參見吳戰壘：《中國詩學》（北京：東方出版社，1991 年 9 月），頁 126-153、171。徐志平、黃錦珠：《文學概論》（臺北：洪葉文化，2009 年 9 月），頁 195-197。

20　參見吳戰壘：《中國詩學》頁 126-153、171。
　　要特別說明的是，吳戰壘認為內在節奏（詩情）比外在節奏重要，是因為抒情是本質，內心情感的律動外現為詩的節奏和韻律。早在明代的李東陽（1447-1516）已經注意到詩的聲律特質有助於抒情言志，見〈滄州詩序〉：「詩之體與文異，……所謂異於文者，以其有聲律風韻能使人反復諷詠，以暢達情思，感發志氣。」〔明〕李東陽：〈滄州詩集序〉，《欽定四庫全書・集部・別集類・明洪武至崇禎・懷麓堂集・卷二十五》，香港：迪志文化（1999 年），頁 20-21。

21　本文以原型論看待詩歌，而且所謂典型詩歌隨著不同的民族而有不同的意義。張雙英亦曾提出相似之見，主張文類不是緊密封鎖的狀態，任何一個

換句話說，典型的中國詩歌透過藝術技巧營造意象，表達作者的思想情感，詩具備獨特的結構，詩的語言有節奏和韻律（如押韻、平仄、音節數等等），除了閱讀以外，還可吟誦或歌唱。前述屬性不完全具備者，是偏離典型的成員，甚至爲邊緣成員。這就不難理解爲何談論中國詩歌，優先想到的通常不是佛理詩、偈頌（漢譯經偈、禪偈），因爲它們或多或少偏離典型，[22]漢譯經偈甚至還被認爲是「似詩非詩」、「非文非詩」的體裁。[23]

　　站在認知的原型看偈頌，它與中國詩歌明顯有一段距離，從模因論的角度看，早期樸拙無文的漢譯經偈，到語錄中以詩明禪的禪

文類就好比是一個被黑墨汁滴到宣紙上而形成的圓圈，中心位置烏黑濃密，向周圍做圓形式的逐漸陰開擴散，顏色由黑變灰，越來越淡，灰色之處表示該文類的分類標準也在變寬、變鬆。為了表達上的需要，嚴格限定該文類的標準，其實有時候也是可以容許鬆動的情況的。參見張雙英：《文學概論》（臺北：文史哲出版社，2002 年 10 月），頁 102。有關原型論的介紹，請參見趙豔芳：《認知語言學概論》（上海：上海外語教育出版社，2001），頁 59-63。

22　此處所謂佛理詩、偈頌或多或少偏離典型，是依照百科全書記載的詩歌的意義而言。就傳統觀點而言，偈頌不是很好的詩歌樣本，談到詩歌，文學研究者通常不會以偈頌為代表。孫昌武也認為宣揚佛理的偈頌和藝術作品的詩歌在本質上截然不同，所謂詩偈相通是就一定範圍、一定意義而言。參見孫昌武：《佛教與中國文學（第 2 版）》，頁 191

23　參見周裕鍇：《禪宗語言》，頁 27、95。
另外，《文學百科》提到文學體裁是相對的，可能出現交叉或匯合，如散文詩、詩劇、報告文學等，這段說明亦證明文學體裁適用原型論。參見胡靜署、陳有進、王富仁、程郁綴主編：《文學百科大辭典》，頁 18。

偈、師資對答的詩句，再到北宋的頌古與文字禪，顯示了「詩句式」模因經過不斷模仿複製，從邊緣到典型，慢慢向古典詩歌靠攏。

　　按照《大百科》與《文學百科》，詩歌的形式應具備節奏性，語言凝練，內容具有抒情性。準此，「詩句式」模因的變化會反映在「形式」和「性質」兩方面，本章的「形式」指音節、押韻、平仄、用語，[24]「性質」指敘述說理或描摹寫景、抒情明志等表述方式。[25]「形式」和「性質」是後續小節的觀察重點。

24　有關詞語的「韻律」，曹逢甫分析詩歌語法架構，確定大部分的五言詩句意義節奏是「二三」，極少例外。七言詩句多是「四三」。換言之，不論五言或七言，詩句的散文節奏（意義節奏）和詩的韻律節奏若合符節。曹逢甫還提到詩律格式應與口語節奏相符，唐代口語的韻律基本上是以兩個音節為一頓。參見曹逢甫：〈從主題──評論的觀點看唐宋詩的句法與賞析〉，《從語言學看文學：唐宋近體詩三論》（臺北：中央研究院語言學研究所，2004 年 4 月），頁 58-68。曹逢甫：〈唐詩對偶句的形式條件與篇章修辭功能〉，《從語言學看文學：唐宋近體詩三論》（臺北：中央研究院語言學研究所，2004 年 4 月），頁 100。

在韻律方面，禪偈和詩句與漢語詞的韻律習慣相符，故本節不特別針對韻律做討論。

另外，筆者對於「形式」上「音節」、「押韻」、「平仄」的問題，是參考王力《漢語詩律學》、《詩詞格律》和耿振生《詩詞曲的格律和用韻》之說做判斷

25　一般而言「形式相對於內容」，過去依照內容將偈頌分成開悟偈、遺偈、示法偈、贊頌偈、明志偈、勸學偈等等，為了避免誤解，捨棄內容之稱，改稱為「性質」。

第三節 以詩明禪的禪偈

「以詩明禪的禪偈」散見於《傳燈錄》前二十八卷，少數是佛陀、尊者的付法偈（遺偈），[26]多數禪偈出自禪師或居士對僧徒、求法者的上堂說法與對答語境。判斷偈頌的方法不難，禪師多會明白表示，如「說偈曰（云）」、「偈答曰」、「偈（頌）曰」、「述偈云」、「示一偈曰」等等，[27]音節數以五言為主，亦有三言、四言、七言、雜言[28]等等，句數以四句為主，亦有六句、七句、八句、九句、十句、十四句、十八句、三十二句等等。綜觀是書，未見四句以下的禪偈，這點是禪偈與對答詩句在「形式完整性」顯著的差異。

---

26 卷一、卷二保留了過去七佛、西天祖師、尊者、國王、梵王的偈頌，卷三是中華五祖及旁出尊宿的偈頌，這些偈頌多是付法偈，有表達悟境或預記的作用。這些偈頌承繼於《寶林傳》與《祖堂集》，為後人附會之可能性很高，用以強化禪宗的法脈歷史。除了七佛、西天祖德的偈頌可能是假託之外，達摩、神秀、慧能的偈頌，周裕鍇亦懷疑是盛唐之後禪僧偽造，筆者認為儘管前三卷的偈頌可能是附會，但從源流與動機判斷，附會者身分應是佛教人士。周氏之說，參見周裕鍇：《中國禪宗與詩歌》，頁30。

27 有時候禪師未明示偈頌，所言又與偈頌類似，明言者優先列入計算，未明言者的處理是，假設參照語境足以判別為禪偈，則列入計算，反之不計。例如卷十〈長沙景岑禪師〉中，南泉普願以「投機偈」問景岑，景岑答曰：「今日投機事莫論，南泉不道遍乾坤。還鄉盡是兒孫事，祖父從來不入門。」（T51, no.2076, p0276a16）順著普願的投機偈，揀擇局部的內容、意象，再示一偈答之，儘管景岑未明言「偈頌答曰」，仍歸為禪偈。

28 例如像「三言、三言、七言、七言、七言」，接近民間曲調。

一、早期禪偈的特點

《傳燈錄》前二十八卷的偈頌有 233 首。[29]前三卷七佛、天竺祖師、中華五祖等偈頌五言四句居多，共有 55 首，其次是七言四句，有 5 首，四言四句有 3 首，最少的是四言七句、五言八句、五言十八句、七言十句、前七言四句後六言四句、前四言八句後六言四句，各 1 首。不難發現這些禪偈音節數整齊，即便是最後兩種雜言的偈頌，儘管分成前七言後六言或前四言後六言，大抵仍是整齊。

早期禪偈風格與漢譯經偈類似，充滿佛教用語，如單音節「法」、「滅」、「空」、「悟」、「緣」、「華」、「果」、「種」等等；多音節「菩提」、「解脫」、「闍維」、「涅槃」、「寂滅」、「阿羅漢」、「三昧火」等等，詞面多見重覆，不論平仄，卷二、

29　本研究範圍限定在《傳燈錄》前二十八卷的禪偈。卷二十九讚頌偈詩和卷三十銘記箴歌是獨立成篇的作品，未與對答的語境結合，相當於獨立的詩偈或一般偈頌，故不列入計算。前二十八卷有兩首歌，即卷十一漳州羅漢和尚的歌、卷二十七布袋和尚的歌，可視為廣義的禪偈，因為《祖堂集》亦將歌行與偈頌等同看待。另外，還有極少量的文士詩作（如卷九裴休贈黃蘗希運禪師的詩「自從大士傳心印……直不知將法付何人？」、卷 14 的李翱贈詩「選得幽居愜野情……」）、文士偈頌（如卷九裴休的〈傳心偈〉）、真讚（卷十南泉普願的真讚、卷二十五通慧禪師的真讚），不屬本節的禪偈範圍，略之不論。

　　準此，各卷統計的數量依序是：卷一 41 首，卷二 16 首，卷三 12 首，卷四 6 首，卷五 28 首，卷六 1 首，卷七 1 首，卷八 10 首，卷九 5 首，卷十 22 首，卷十一 8 首，卷十二 4 首，卷十三 3 首，卷十四 1 首，卷十五 4 首，卷十六 2 首，卷十七 4 首，卷十八 4 首，卷十九 5 首，卷二十 5 首，卷二十一 3 首，卷二十二 3 首，卷二十三 15 首，卷二十四 6 首，卷二十五 4 首，卷二十六 12 首，卷二十七 8 首，卷二十八 0 首。

卷三押韻比例高，多押仄聲韻和重韻。[30]這些禪偈多是陳述某事、闡說佛理、禮讚佛法，類似分行的散文。例如：

1. （師）又謂曰：「汝試自稱名氏，吾當後示本因。」彼人說偈而答：「我從無量劫，至于生此國，本姓頗羅墮，名字婆須蜜。」（T51, no.2076, p0208a16）

2. 時毘舍離王亦在河側，復說偈言：「尊者一何速，而歸寂滅場。願住須臾間，而受於供養。」（T51, no.2076, p0206b27）

3. 師屢試以玄微，知其緣熟，乃付衣法。偈曰：「華種雖因地，從地種華生，若無人下種，華地盡無生。」（T51, no.2076, p0221c14）

4. 師知懇到，即說偈曰：「亦不觀惡而生嫌，亦不觀善而勤措，亦不捨智而近愚，亦不拋迷而就悟。達大道兮過量，通佛心兮出度。不與凡聖同躔，超然名之曰祖。」（T51, no.2076, p0219c19）

5. 王曰：「其八出現，當為我說。」波羅提即說偈曰：「在胎為身，處世名人。在眼曰見，在耳曰聞，在鼻辨香，在口談論，在手執捉，在足運奔。遍現俱該沙界，收攝在一微塵。識者知是佛性，不識喚作精魂。」（T51, no.2076,

---

30 卷一押韻的比例是 19.51%，卷二是 68.75%，卷三是 50%，如果前三卷偈頌可能是附會，附會者是否刻意讓卷一時間最久之七佛的偈頌全無押韻，時間較晚的祖師偈頌漸有用韻，還是純屬巧合而已，姑且存疑。

p0217a26）

　　例 1 是提問者回覆彌遮迦的偈頌，直接用敘述方式道出名字，平鋪直述，僅做到音節整齊，沒有詩歌的比興、象徵等技巧，嚴格而言除了形式整齊之外，如果沒有標示「彼人說偈」，亦可說是類似齊言的散文。

　　例 2 毘舍離王見到阿難在河裡跏趺而坐，即將入滅，以偈懇求常住世間。本例沒有押韻。

　　例 3 是僧璨對道信所說的偈頌，用佛教常見的華、種設喻說法，詞面不忌重覆，有重韻（「生」），不講究平仄協調。

　　例 4 是達磨祖師對期城太守楊衒之的說法，前四句句式一致，都是「亦不……而……」。第五、六句用了騷體。此偈為隔句押韻，押仄韻，「措」、「悟」、「度」為七遇韻，「祖」是七麌韻，若視為古體詩，上聲和去聲有時可通韻[31]。

　　例 5 波羅提以偈頌逐一描述佛性的作用，禪偈前八句為四言，後四句為六言。韻腳是「身」、「人」為十一真韻，「聞」為十二文韻，「論」為十三元韻，「奔」為十三元韻，「塵」為十一真韻、「魂」為十三元韻。

31　《漢語大詞典》記載：「通韻，指兩個或兩個以上的韻部可以相通，或其中一部分相通。作詩時可以互押。如《平水韻》中『東』、『冬』可以相通，『支』、『微』亦可相通等。」

除了「質樸」和「齊言」的共通點外，早期禪偈與漢譯經偈在「體例」上亦有相似之處，[32]如：

6. 又有法空禪師者問曰：「佛之與道俱是假名，十二分教亦應不實。何以從前尊宿皆言修道？」師曰：「大德錯會經意，道本無修大德彊修，道本無作大德彊作，道本無事彊生多事，道本無知於中彊知，如此見解與道相違。從前尊宿不應如是，自是大德不會，請思之。」師又有偈曰：「道體本無修，不修自合道。若起修道心，此人不會道。棄却一真性，却入鬧浩浩。忽逢修道人，第一莫向道。」（T51, no.2076, p0243a27）

司空本淨禪師是慧能的法嗣，他在對答接機時，通常用散文形式直問直答，說畢之後，再以一首禪偈接續總結或補充。本淨禪師共有七首禪偈，如例6「道體本無修……此人不會道」是總結前述，「棄却一真性……第一莫向道」是補充說明與假設。偈頌中的「祇夜」是在散文體裁之後，再以韻文重覆其義，「伽陀」是偈頌之前無長行，或偈頌之前有長行，長行內容迥異於偈頌。按此，本例的

---

32 從總結前述或補充前述的體例上，透露出早期禪偈承繼自漢譯經偈。從模因的角度說，即禪偈模仿自經偈。這不是意味禪偈只有一種體例而已，例如即將涅槃的因緣下宣說佛法或悟境，稱為遺偈；聽聞佛法或禮拜尊者、祖師的讚美，稱為讚嘆偈；問答或對機時闡述佛法或試驗對方，是勘辨偈；勸導學法，稱為勸學偈。這些偈頌並非接續前說作總結或補充，差強擬之，這種體例較接近原典的「伽陀」。

禪偈有「祇夜」和「伽陀」的影子，體例的相似意味著漢譯經偈對早期禪偈是有啓發的。類似之例俯拾即是，又如：

> 7. 祖曰：「汝師若為示眾？」對曰：「常指誨大眾，令住心觀靜，長坐不臥。」祖曰：「住心觀靜，是病非禪，長坐拘身，於理何益！」聽吾偈曰：「生來坐不臥，死去臥不坐。元是臭骨頭，何為立功過？」（T51, no.2076, p0237b07）

　　例 7 是慧能對志誠禪師說法的經過，該偈由質樸的口語組成，措辭淺白，內容是再次總結前面的解說，接近「祇夜」的體例。該偈第一、二、四句尾的「臥」、「坐」、「過」押仄韻（二十一箇韻）。

　　由上述諸例可知，早期禪偈的「性質」是詩味淡薄，採平鋪直敘的口語，不假修飾，詞面多所重覆，不刻意營造意象或意境。

二、早期禪偈的轉變

　　早期禪偈在馬祖道一法嗣大梅法常（752-839）手上發生了變化，大梅的一首禪偈在「形式」和「性質」兩方面均有突破。

> 8. 鹽官曰：「我在江西時曾見一僧，自後不知消息。莫是此僧否？」遂令僧去請出師。師有偈曰：「摧殘枯木倚寒林，幾度逢春不變心。樵客遇之猶不顧，郢人那得苦追尋？」（T51, no.2076, p0254c02）

　　例 8 鹽官齊安（？-842）派遣僧人請大梅法常出山，大梅自比為枯木，以喻道心堅定，藉此婉拒鹽官之請。形式上，屬七言四句的整齊格式，「林」、「心」、「尋」押十二侵韻，合乎七言絕句的平仄。

　　本例不只「形式」上押韻與平仄合於七絕，「性質」亦偏向抒情明志，帶著幾分委婉，更添詩味，與早期偏於敘事性有別。透過山林即目可見的樹木，且是世人認為最無用的摧殘枯木設喻，儘管是棵枯木，經年下來求法之心從未改變。接著以專業的樵夫遇到都不顧看了，強化無用，最後用問句作結，言外之意即是婉拒。如果將此禪偈單獨抽離，意象優雅，溫婉達意，與交際場合以詩表意的內斂相去不遠。[33]有趣的是這首禪偈後來還被曹山本寂原封不動借用，同樣是表示拒絕，只不過對象變成南平鐘王。[34]

　　另外，又如智通禪師的遺偈「舉手攀南斗，迴身倚北辰。出頭天外見，誰是我般人。」保福清豁（？-972）的遺偈「世人休說路行難，鳥道羊腸咫尺間。珍重苧谿谿畔水，汝歸滄海我歸山。」法

33　顏崑陽曾云：「一向在古典詩學中，由於所詮釋的都是『離境』的靜態性文本，故『比興』都只被視為作詩時，表現形式上近似隱喻、象徵的修辭法。但是，當我們將詮釋視域轉向動態性的『詩式社會文化行為』時，『比興』就不能只做如此看待。它最重要的意義應該是：在彼此『互動』過程中，雙方秉持『溫柔敦厚』的性情、態度，即使有『怨』，也以『比興』委婉地表達，而不用『言語暴力』傷人。」參見顏崑陽：〈用詩，是一種社會文化行為模式──建構「中國詩用學」初論〉，《淡江中文學報》第18 期（2008 年 6 月），頁 295。

34　參見（日）指月慧印校：《撫州曹山元證禪師語錄》，《大正新修大藏經》第 47 冊（no.1987A），臺北：新文豐出版社，修訂版一版，1983 年。

眼文益（885-958）贈木平善道的禪偈「木平山裏人，貌古年復少。相看陌路同，論心秋月皎。壞衲線非蠶，助歌聲有鳥。城闕今日來，一漚曾已曉。」龜洋慧忠的三首禪偈「雪後始諳松桂別，雲收方見濟河分。不因世主教還俗，那辨雞群與鶴群。」「多年塵事謾騰騰，雖著方袍未是僧。今日修行依善慧，滿頭留髮候然燈。」「形容雖變道常存，混俗心源亦不昏。更讀善財巡禮偈，當時何處作沙門。」上揭偈頌充滿想像或抒情的色彩，透過描摹、寫景、譬喻來抒情喻志。有些還用對仗和引用，如「舉手攀南斗，迴身倚北辰」是整齊的工對，「雪後始諳松桂別，雲收方見濟河分」則是寬對，「那辨雞群與鶴群」化用《世說新語‧容止》：「有人語王戎曰：『嵇延祖卓卓如野鶴之在雞群』。」若能剔除佛教相關詞語，如「壞『衲』線」、「僧」、「修行」、「善慧」、「善財」、「巡禮偈」、「沙門」等等，這些禪偈看起來更加貼近古典詩歌。

　　要強調的是，儘管這幾首禪偈的抒情性勝過了敘事性，卻不表示當時或後來禪偈的性質完全轉變成抒情性。事實上，不論早期或晚期的禪偈，敘事、說法、質樸之作居多，根本原因是禪偈的誕生本非為了寫景、抒情、明志，而是傳播禪法、啓悟學人之宗教導向。

三、禪偈用韻的分析

　　論及禪偈的用韻，就是否押韻而言，有押韻或不押韻（如例1、2）。就押韻類型而言，多押平聲韻，也有仄聲韻者。就押韻位置而言，早期禪偈出現偶句押韻（如例3-4），亦有首句入韻（如例5、7）。爾後的禪偈押韻就以這兩種情形居多，部分禪偈有出韻現象。

9. 忍仙林下坐禪時，曾被歌王割截支。況我聖朝無此事，只
今休道亦何悲。（T51, no.2076, p0269c27）

10. 驀刀叢裏逞全威，汝等應當善護持。火裡鐵牛生犢子，
臨岐誰解湊吾機。（T51, no.2076, p0393a04）

11. 師因僧披衲衣，示偈曰：「迦葉上名衣，披來須捷機。
才分招的箭，密露不藏龜。」（T51, no.2076, p0341b27）

12. 日用事無別，唯吾自偶諧。頭頭非取捨，處處勿張乖。
朱紫誰為號，丘山絕點埃。神通并妙用，運水及般柴。
（T51, no.2076, p0263b03）

13. 功臣家風，明暗色空。法法非異，心心自通。恁麼會得，
諸佛真宗。（T51, no.2076, p0425a19）

　　例 9 是龜山智真（781-865）的禪偈，韻腳是「時」為四支韻，
「支」為四支韻，「悲」為四支韻，首句即入韻。

　　例 10 是明招德謙禪師的禪偈，韻腳是「威」、「機」為五微
韻，首句即入韻。「持」為四支韻，次句押了鄰韻字，在近體詩屬
出韻。

　　例 11 是香谿從範在僧人披納衣的因緣下所述的禪偈，韻腳是
「衣」、「機」屬五微韻，首句即入韻，「龜」是四支韻，末句尾
字用鄰韻的借韻在近體詩極為少見。[35]

　　例 12 是龐蘊居士的禪偈，韻腳是「諧」、「乖」、「柴」屬
九佳韻，「埃」是十灰韻，發生出韻。[36]

35　此例有失黏狀況，近體詩格律嚴謹，甚少失黏，故此例可能是齊梁體。

　　例 13 是慶蕭禪師的偈頌。韻腳是「風」、「空」、「通」屬一東韻，「宗」屬二冬韻，首句即入韻。

　　眾所周知，近體詩用韻甚嚴，如絕句、律詩必須一韻到底，不可通韻，平聲韻為正例，罕押仄聲韻等等，這麼看來，禪偈的用韻是無法與嚴謹的近體詩相提並論，

四、禪偈平仄與用語分析

　　再來看禪偈的平仄和用語。合乎平仄規則與詩化語言是近體詩基本條件，翻遍《傳燈錄》，「黏對合律」與「饒富詩味」兼備者鮮見，有些禪偈平仄合律，有些用了拗救，有些不盡合律。用語方面，多流於淺白，缺乏詩味。[37]平仄相對的例子如：

　　14.宇內為閑客，人中做野僧。任從他笑我，隨處自騰騰。
　　（T51, no.2076, p0288c26）
　　15.勞持生死法，唯向佛邊求。目前迷正理，撥火覓浮漚。

36　周裕鍇認為早期偈頌多為五古或不入律的五絕，盛中唐以後禪偈始為律句，本例是最早以五律為禪偈的作品。參見周裕鍇：《中國禪宗與詩歌》，頁 30。
　　但是按照五律的平仄要求，本例首句第三字應平卻用仄，也沒拗救，發生出律。

37　〔元〕方回（1227-1306）〈清渭濱上人詩集序〉：「偈不在工，取其頓悟而已。詩則一字不可不工。」《傳燈錄》的禪偈可證方回之說是可信的。參見 〔元〕方回：〈清渭濱上人詩集序〉，《欽定四庫全書・集部・別集類・金至元・桐江續集・卷三十三》，香港：迪志文化（1999 年）頁 29。

（T51, no.2076, p0323c21）

16.雲門聲峻白雲低，水急遊魚不敢棲。入戶已知來見解，
何煩再舉轣中泥！（T51, no.2076, p0358c11）

例 14 是羅漢和尚的禪偈，「僧」、「騰」押十蒸韻。首句「仄
仄平平仄」，次句「平平仄仄平」，兩句平仄相對，還做寬對，第
三句「仄平平仄仄」，第四句「平仄仄平平」，兩句平仄相對，首
字雖拗（可不救）卻也有救。[38]又，「騰騰」是唐代口語，指昏沈
迷糊的樣子[39]，整首禪偈口語性強，通俗易懂。

例 15 是夾山善會（805-881）上堂說法後以禪偈總結，韻腳是
「求」、「漚」爲十一尤韻。整首的平仄是「平平平仄仄，平仄仄
平平，仄平平仄仄，平仄仄平平」，單看一二句和三四句平仄是相
對的，但整首不合五言律絕平仄格式，發生失黏，應是古體絕句。
又，「浮漚」是唐代新詞，指水面的泡沫，常比喻世事無常或生命
短暫。[40]此禪偈旨在闡述佛理，以譬喻作結，通俗淺近。

---

38 例 8-10 亦有拗救的情形，

39 參見江藍生、曹廣順主編：《唐五代語言詞典》（上海：上海教育出版社，
1997 年 11 月），頁 354-355。

40 《漢書・藝文志・詩賦略・雜賦》的雜山陵水泡雲氣雨旱賦十六篇，顏師
古（581-645）注：「泡，水上浮漚也。」顏氏以浮漚釋泡，可見舊稱為
泡，新稱為浮漚。「浮漚」亦見於《敦煌歌辭總編》卷六〈十二時普勸四
眾依教修行・日南午十首〉：「母哭兒。兒哭母。相送人間幾千度。升沉
瞥瞥似浮漚。來往憧憧如鎮戍。」另外，唐代顧況、張籍、姚合等人的詩
歌也出現「浮漚」，不再例舉。參見 〔東漢〕班固（32-92）撰，〔唐〕
顏師古注：《漢書》（臺北：鼎文書局，1986 年 10 月，6 版），頁 1753。

　　例16是雲門文偃的禪偈，「低」、「樓」、「泥」押八齊韻。全首平仄是「平平仄仄仄平平，仄仄平平仄仄平，仄仄仄平平仄仄，平平仄仄仄平平」，合乎七言絕句平仄。前兩例禪偈出現「僧」、「騰騰」、「生死」、「佛」、「正理」等口語詞或佛教詞語，此偈從寫景入手，實欲說明雲門宗風孤危險峻，用語較為典雅。

五、從經偈到禪偈──詩句式模因的模仿過程

　　漢譯經偈譯自原典的「祇夜」與「伽陀」，根據前面諸例可見，根據「體例」和「形式」的齊言淺白，「性質」側重敘事說理，顯示禪偈與經偈的有密切關係。從模因的角度來看，詩句式模因組成的禪偈絕非憑空而生，而是透過模仿、複製，再不斷傳播，確保生存。漢譯佛典年代久遠，數量龐大，佛教人士吸取其中的經偈養分，模仿經偈，創造出早期禪偈。接著，誠如學界所言之主客觀條件，如禪語和詩語的表達有共通點，禪師與文人士大夫的往來交流，有些禪師嫺熟外典，擁有良好文學素養，以及他們都身處唐代詩歌王國的大環境等等，禪門的詩句式模因除了內典的經偈之外，新增其他模仿對象（即古典詩歌），促使禪偈的用韻、平仄、詞語、性質紛紛發生變化，從不用韻到用韻，不合平仄到符合平仄（如有些用拗救表示重視平仄），充滿佛教詞語到有詩味的語言，敘事說理到寫景、抒情明志，前揭之例1-16不同程度反映了演變痕跡。

　　筆者認為這個轉向是「形式先於性質」，詩句式模因因為先模

　　參見任半塘編著：《敦煌歌辭總編》（上海：上海古籍出版社，1987年12月），頁1627。

仿經偈的齊言、淺白、敘事說理，故早期禪偈（分布於前三卷）的
「形式」和「性質」與經偈十分類似，與古典詩歌差距較大，禪偈
與詩歌唯一的共同點僅是齊言。隨後，詩句式模因再模仿詩歌的押
韻、平仄、用語、性質，使禪偈發生更多改變。由此可見，禪偈的
「形式」演變比較早，「性質」後來才變化，增添抒情之味。性質
在變化的同時，形式仍持續調整，慢慢接近古典詩歌。[41]

　　根據前述諸例，透露禪偈的詩句式模因在「齊言」（音節數）、
「押韻」、「平仄」三項模仿得較成功，擁有相當數量（顯示具多
產性）。而且能「齊言」是最多的，這點在其他無數的經偈中已
經得到驗證。但是，有押韻才算是韻文，更接近詩歌（典型的詩
歌）。[42]相對於「齊言」、「押韻」、「平仄」，禪偈的「用語」
和「性質」模仿得比較遜色，合乎條件的作品較少。

41　筆者發覺禪偈的變化可能是「形式先於性質」，後來看到陳靜提出「形式
　　先於內容」，誠屬不謀而合。陳靜提到「形式先於內容」對藝術發展是一
　　條普遍的規律，從律詩、詞、雜劇、雕塑都是先解決形式問題，後續才有
　　藝術的繁榮，形式的確立需要一段漫長的過程，過程中，內容的重要性遠
　　遠比不上形式。因此，從藝術發展歷程看，形式具有先於內容的主導意義。
　　參見陳靜：《唐宋律詩流變研究》（濟南：齊魯書社，2009 年 11 月），
　　頁 149-163。

42　除了禪偈經常齊言，《傳燈錄》也有許多的問與答通篇齊言，但不用韻或
　　不求平仄相對，如卷四博陵王與法融禪師連續 13 次對答全由五言句組
　　成，總共 231 句。卷六唐順宗與佛光如滿禪師連續 2 次對答全由五言句組
　　成，總共 40 句。
　　詩歌是韻文，古典詩歌重視韻腳，王力提到韻文的要素不在句，而在於韻。
　　有了韻腳，韻文的節奏就算有了一個安頓；沒有韻腳，雖然成句，詩的節

　　整體而言，唐代禪偈不能說是詩歌範疇的典型成員，與經偈相較，禪偈又比較接近詩歌。儘管如此，《傳燈錄》留下的兩百多首禪偈已證實禪林的詩句式模因十分活躍，不是特定宗派或某位禪師的專利，詩句式模因流傳甚廣，是不限宗派、地域的，換言之，這是很普及的強勢模因。

第四節　師資對答的詩句

　　師資對答的詩句分布不平均，如《傳燈錄》前三卷、卷五、卷十四等沒有對答詩句。對答詩句由「單句」或「雙句」組成，[43]多為五言或七言的齊言形式，偶有三言、四言、六言形式。

　　對答的詩句通常出現在特定的問題，例如詢問禪僧的境界、境中人、家風、道、祖師西來意、佛法大意、祖意與教意等等。遇到這些問題，禪師往往不用「直問直答」模因切題回覆，改採「活句」模因[44]或「格外句」模因[45]，並以「詩句式」模因爲包裹來回覆，

　　奏還是沒有完。參見王力：《漢語詩律學》導言（上海：上海教育出版社，2005 年 4 月），頁 15。

43　有些禪師特別喜歡用單句回答，例如伏龍山和尚、白雲善藏禪師、龍峻山和尚、新羅清院和尚的答語是四言單句或五言單句。溈潭明禪師用六言單句或七言單句，溈潭匡悟禪師多是五言單句。又，《傳燈錄》前九卷（排除無對答詩句者）的對答詩句多是單句，卷十以後多是兩句。

44　活句分爲兩種，一是「無義語」，指有語言形式，無表義功能的語句，相當於答非所問，答語本身不是無邏輯，而是就該問題而言，答句和問句不協調、不搭調。另一種是「矛盾語」，問句和答句互爲矛盾。例證方面，請參見本書第四章第三節。

也就是說答語的外表是詩句，內容是答非所問的活句或顛倒常理的格外句，用意在暗示對方勿執著言語表象，或以譬喻、象徵闡發禪法，或想勘察對方能否領悟境界。

對答詩句出現的情景有二：1.學人所用的語言不是詩句，禪師以「詩句」回答。2.學人發問即用「詩句」，禪師也以「詩句」回應。

一、對答詩句的綜合分析

宗門內擅長詩句說法者比比皆然，在某一次的對答情境採用「詩句式」模因的例子不勝枚舉，有的禪師還能在多次對答情境中，連續用詩句回覆，更顯其操控「詩句式」模因的功力。例如牛頭宗禪師說法時用字遣詞富涵文學性，尤其是天柱崇慧禪師，留下許多精彩的對答詩句：

> 17.僧問：「如何是天柱境？」師曰：「主薄山高難見日，玉鏡峯前易曉人。」（T51, no.2076, p0229c12）
>
> 18.問：「如何是天柱家風？」師曰：「時有白雲來閉戶，更無風月四山流。」（T51, no.2076, p0229c12）
>
> 19.問：「亡僧遷化向什麼處去也？」師曰：「灊嶽峯高長積翠，舒江明月色光暉。」（T51, no.2076, p0229c12）
>
> 20.問：「如何是道？」師曰：「白雲覆青嶂，蜂鳥步庭華。」（T51, no.2076, p0229c12）

---

45 格外句指超出一般規則之外，顛倒常理的語句。以格外句回應可能與問題有關或無關，但都是不合事理的。例證方面，請參見本書第四章第三節。

21.問：「宗門中請師舉唱。」師曰：「石牛長吼真空外，木馬嘶時月隱山。」（T51, no.2076, p0229c12）

22.問：「如何是和尚利人處？」師曰：「一雨普滋，千山秀色。」（T51, no.2076, p0229c12）

23.問：「如何是天柱山中人？」師曰：「獨步千峯頂，優游九曲泉。」（T51, no.2076, p0229c12）

24.問：「如何是西來意？」師曰：「白猿抱子來青嶂，蜂蝶銜華綠藥間。」（T51, no.2076, p0229c12）

例 17「主薄山高難見日，玉鏡峯前易曉人」，透過摹寫景物巧妙回答禪師的境界，「主薄（簿）山」與「玉鏡峯」是安徽潛山縣的天柱山的兩座山峰，[46]學僧問天柱山的境界（佛法本體），崇慧禪師以兩山之景（現象）回應。從近體詩角度來看，本例是律句，但按照近體詩格律，這兩句不會連續出現或組合。

例 18「時有白雲來閉戶，更無風月四山流」，與前例相似是透過寫景（現象）回答天柱家風（本體）。兩句平仄相對，「白雲」、「風月」是偈頌常用的意象。

例 19「灊嶽峯高長積翠，舒江明月色光暉」，透過寫景來作答。根據《傳燈錄》的記載，唐乾元（758-760）初，崇慧禪師在天柱山創建寺廟，永泰元年（765）皇帝下詔命名天柱寺，本例的

---

46 Google 地圖有天柱山的資料，是在安徽安慶市潛山縣，卻查不到主薄（簿）山、玉鏡峰。根據顧宏義的註解，提到它們是天柱山的兩座山峰。參見〔北宋〕道原撰，顧宏義注譯：《景德傳燈錄譯注》（上海：上海書店出版社，2010 年 1 月），頁 204。

「灊嶽」即天柱山，「舒江」是發源於天柱山的河流。從例 17-19 可知崇慧的寫景往往就是平居生活的景色，這些詩句都不能作表面解，而是藉由寫景來象徵。

例 20「白雲覆青嶂，蜂鳥步庭華」，透過寫景句回答「道」的問題，做了寬對。

例 21「石牛長吼真空外，木馬嘶時月隱山」饒富想像力，「石牛」與「木馬」比喻無情之物。

例 22「一雨普滋，千山秀色」，儘管平仄不和諧，對仗亦不工，仍屬清麗的寫景句。

例 23「獨步千峯頂，優游九曲泉」勾勒在山中流水旁悠閒散步的畫面，本例是律句，平仄相對，並且對仗。

例 24「白猿抱子來青嶂，蜂蝶銜華綠藥間」藉由描寫自然界作答，但平仄不和諧，對仗也不工。

華亭船子的弟子夾山善會（805-881），夾山善會的法嗣樂普元安（834-898），均是擅長詩句的高手。船子《撥棹歌》的文學成就備受肯定，沒有留下對答的詩句。善會繼承船子的風格，有許多優雅的對答詩句：

25. 問：「祖意與教意同別？」師曰：「風吹荷葉滿池青，十里行人較一程。」（T51, no.2076, p0324a26）

26. 問：「如何是實際之理？」師曰：「石上無根樹，山含不動雲。」（T51, no.2076, p0324a26）

27. 問：「如何是出窟師子？」師曰：「虛空無影象，足下野雲生。」（T51, no.2076, p0324a26）

28.尋嚮夾山盛化，遣小師持前語而問師。師曰：「雕沙無
鏤玉之譚，結草乖道人之思。」（T51, no.2076, p0324a26）

29.問：「如何是夾山境？」師曰：「猿抱子歸青嶂裏，鳥
銜華落碧巖前。」（T51, no.2076, p0324a26）

例 25「風吹荷葉滿池青，十里行人較一程」是平仄相對的寫
景句，用譬喻作答，前句指出祖意與教意之同，後句「較一程」詞
面上是指差了一段。

例 26 學人問眞如之理，善會故意以離奇的「石上無根樹，山
含不動雲」回覆，兩句平仄相對，沒有對仗。

例 27 學人問出窟獅子，善會用形象性的「虛空無影象，足下
野雲生」回覆，兩句平仄相對，但無對仗。

例 28 西川首座向白馬和尚請教《華嚴》教語，白馬的回答讓
西川不滿意，以爲宗門與教門無異。後來他聽說善會之名，派小師
以相同問題請教，善會以兩句譬喻「雕沙無鏤玉之譚，結草乖道人
之思」來對比，西川聞後加以禮讚，瞭解宗門的奇特殊勝。

例 29「猿抱子歸青嶂裏，鳥銜華落碧巖前」是善會著名的寫
景句，兩句平仄相對，用語清麗。[47]

《宋高僧傳》提到樂普元安（或洛浦元安）熟悉經論，應答多

---

47 北宋圜悟克勤著有《佛果圜悟禪師碧巖錄》，根據釋慈怡主編的《佛光大
辭典》第三版，頁 5850，「碧巖」一詞之由來，係圜悟作評唱於澧州夾
山靈泉院時，其方丈室區額上之題字。此二字源於夾山之開祖善會禪師表
示其悟境之詩句「猿抱兒歸青嶂後，鳥啣花落碧巖前。」《佛光大辭典》
網址：http://etext.fgs.org.tw/etext6/search-1.htm。

用偶句，詞語贍麗，留下膾炙人口的警策辭句。[48]此外，還有詩歌傳世，如〈浮漚歌〉、〈神劍歌〉。元安的對答詩句舉例如後：

30.問：「瞥然便見時如何？」師曰：「曉星分曙色，爭似太陽輝。」（T51, no.2076, p0331a03）

31.問：「恁麼來不立，恁麼去不泯時如何？」師曰：「鬻薪樵子貴，衣錦道人輕。」（T51, no.2076, p0331a03）

32.問：「經云：『飯百千諸佛，不如飯一無修無證者。』未審百千諸佛有何過？無修無證者有何德？」師曰：「一片白雲橫谷口，幾多歸鳥夜迷巢。」（T51, no.2076, p0331a03）

33.問：「日未出時如何？」師曰：「水竭滄溟龍自隱，雲騰碧漢鳳猶飛。」（T51, no.2076, p0331a03）

34.問：「祖意與教意是一是二？」師曰：「師子窟中無異獸，象王行處絕狐蹤。」（T51, no.2076, p0331a03）

35.問：「枯盡荒田獨立事如何？」師曰：「鷺倚雪巢猶可辨，烏投漆立事難分。」（T51, no.2076, p0331a03）[49]

48　《宋高僧傳》卷十二：「釋元安，俗姓淡，鳳翔遊麟人也。卯年於岐陽懷恩寺從兄祐律師出家，唯經與論無不窮核。……答訓請益，多偶句華美，為四海傳焉。……臨終告眾，頗多警策辭句云。」（T50, no.2061, p0782c19）。

49　《景德傳燈錄譯注》第三冊「漆立」作「漆笠」，指漆黑的斗笠。參見〔北宋〕道原撰，顧宏義注譯：《景德傳燈錄譯注》，頁1186。

36.問：「如何是西來意？」師曰：「颯颯當軒竹，經霜不
　自寒。」僧擬再問，師曰：「只聞風擊響，不知幾千竿。」
　（T51, no.2076, p0331a03）

例 30「曉星分曙色，爭似太陽輝」，比喻覺悟與智慧的光明
是有層次的，兩句平仄相對。

例 31「鬻薪樵子貴，衣錦道人輕」透過描寫不同身分、價值
對立的兩種情形作答，兩句平仄相對，並有寬對。

例 32「一片白雲橫谷口，幾多歸鳥夜迷巢」是平仄相對的寫
景句。兩句答語言簡意賅，靜中有動，爲元安的名句，常被後人傳
頌或引用。

例 33「水竭滄溟龍自隱，雲騰碧漢鳳猶飛」說明真理的永恆，
氣勢恢弘。兩句平仄相對，和其他組詩句相比，對仗較工。

例 34「師子窟中無異獸，象王行處絕狐蹤」平仄相對，設喻
以明祖意和教意的同異。這兩句對答經常被引用，或兩句全引或單
引（相當於模因的基因型），或產生變體，如《建中靖國續燈錄》
的「象王行處，狐兔絕蹤」、《聯燈會要》的「象王行處，狐兔潛
蹤」、《天聖廣燈錄》的「師子窟中，豈安異獸」等等。

例 35「鷺倚雪巢猶可辨，烏投漆立事難分」設喻作答，兩句
平仄相對。

例 36 針對「祖師西來意」，元安先後說了「颯颯當軒竹，經
霜不自寒」與「只聞風擊響，不知幾千竿」，四句前後連貫便是一
首完整的詩歌，「寒」與「竿」屬十四寒韻。

元安留下的對答詩句爲數甚衆，另有「眼華山影轉，迷者護彷

徨」、「青山常舉足，白日不移輪」、「枯樹無橫枝，鳥來難措足」、「雷霆一震，布鼓聲銷」、「雨滋三草秀，片玉本來輝」、「但自不亡羊，何須泣岐路」、「慈舟不棹清波上，劍峽徒勞放木鵝」等等，巧用譬喻、象徵，或充滿想像，或寫景清新，或威震磅礴，或詰問警世，大凡措辭趨雅，重視平仄和諧。

元安的同門師友亦擅長詩句，如上藍令超的「不從千聖借，豈向萬機求」、「鋒前不露影，莫向舌頭尋」，黃山月輪的「秋風有韻，片月無妨」、「梁殿不施功，魏邦絕心迹」、「石牛頻吐三春霧，木馬嘶聲滿道途」、「不勞懸石鏡，天曉自雞鳴」、「黃峯獨脫物外秀，年來月往冷颼颼」等等。

二、對答詩句模因的流傳與運用

由前述船子到善會，再到元安，甚至於元安同門的上藍令超、黃山月輪，以及元安的弟子烏牙彥賓、青峯傳楚，[50]他們精通詩句可說是「代代相承」，而且他們的傳法地點亦不相同，由船子一系證明了詩句式模因力量強大，能夠「縱向垂直（代際）」與「橫向平行」傳播，跨越時間與空間來擴展。

50　根據《傳燈錄》記載，上溯華亭船子的法脈是：石頭希遷（700-790）——藥山惟儼（751-834）——華亭船子。
　　以往將藥山惟儼歸入石頭系，後出曹洞宗，南宋以來，臨濟門人提出惟儼實得法於馬祖道一，應歸入洪州系，杜繼文與魏道儒、徐文明等認同後說。由於筆者寫作焦點不是惟儼的宗系問題，暫循故說。有關惟儼宗系之討論，詳見杜繼文、魏道儒：《中國禪宗通史》（南京：江蘇古籍出版社，1993 年 8 月），頁 277。徐文明：《唐五代曹洞宗研究》（北京：中國社會科學出版社，2012 年 12 月），頁 1-25。

更重要的是，「詩句式」模因不是單一宗門的特色，而具有普遍性，像是臨濟法脈的風穴延沼（896-973）[51]也是脫口即詩句的能士，例如「木雞啼子夜，芻狗吠天明」、「嘶風木馬緣無絆，背角泥牛痛下鞭」、「為山登九仞，捨土定千鈞」、「鶴有九皋難翥翼，馬無千里漫追風」、「盲龜值木雖優穩，枯木生華物外春」、「披莎側笠千峯裏，引水澆蔬五老前」、「一把香芻拈未下，六環金錫響搖空」、「芻狗吠時天地合、木雞啼後祖燈輝」、「寶燭當軒顯、紅光爍太虛」、「三月懶遊華下路，一家愁閉雨中門」、「常憶江南三月裏，鷓鴣啼處野華香」等等，上述許多詩句平仄相對，並做了寬對，部分詩句意境優美，用語趨於秀雅，清新脫俗，猶如文人詩作。

又如石頭法脈的道場如訥禪師[52]有許多精彩對答詩句，如「明月鋪霄漢，山川勢自分」、「石從空裏立，火向水中焚」、「三尺杖頭挑日月，一塵飛起任遮天」、「三爐力盡無煙焰，萬頃平由水不流」、「透出龍門雲雨合，山川大地入無蹤」，無論是氣勢壯闊的寫景，或充滿想像的敘述，都很注重平仄相對。

除了用詩句回答特定問題之外，涉及宗門的重要主張或綱領，也常以詩句說明。例如：

37.洞山云：「如何是主中賓？」師云：「青天覆白雲。」

---

51 根據《傳燈錄》記載，風穴延沼的法脈是：臨濟義玄（？-866）──興化存獎（824-888）─汝州寶應（即南院慧顒 860-952）──風穴延沼（896-973）。
52 根據《傳燈錄》記載，如訥禪師的法脈是：石頭希遷（700-790）──丹霞天然（739-824）──翠微無學──道場如訥。

洞山云：「賓主相去幾何？」師云：「長江水上波。」
洞山云：「賓主相見，有何言說？」師云：「清風拂白
月。」（T51, no.2076, p0263a14）

38.問：「如何是賓中賓？」師曰：「合掌庵前問世尊。」
曰：「如何是賓中主？」師曰：「對面無儔侶。」曰：
「如何是主中賓？」師曰：「陣雲橫海上，拔劍攪龍門。」
曰：「如何是主中主？」師曰：「三頭六臂驚天地，忿
怒那吒撲帝鍾。」（T51, no.2076, p0305a16）

曹洞宗與臨濟宗各有四賓主，曹洞四賓主談體（主）用（賓）
問題。例 37 是洞山良价與潭州龍山和尚談四賓主，洞山的三問，
龍山分別以單一的寫景句回應。

例 38 是僧人與汾陽善昭談四賓主。善昭是首山省念（926-993）
的徒弟，首山省念又是風穴延沼的弟子，屬於臨濟宗。善昭四賓主
和義玄四賓主名稱雖別，內容一致。臨濟四賓主談學人（賓）和禪
師（主）的關係，善昭用四個譬喻解釋四種情況，特別是最後兩句
饒富想像力。

有些禪師巧置文人或其他禪僧詩句做為答語，不必然忠於原
意，相當於模因的同形聯想嫁接（移花接木），例如：

39.曰：「恁麼人出頭來又作麼生？」師曰：「行到水窮處，
坐看雲起時。」（T51, no.2076, p0417b12）

40.僧問：「藥嶠燈連，師當第幾？」師曰：「相逢盡道休
官去，林下何曾見一人？」（T51, no.2076, p0391a03）

41.曰:「便請師唱。」師曰:「夜靜水清魚不食,滿船空
　　載月明歸。」（T51, no.2076, p0393b07）

　　例 39 觀音從顯禪師對僧人的提問,擷取王維〈終南別業〉「中
歲頗好道,晚家南山陲。興來每獨往,勝事空自知。行到水窮處,
坐看雲起時。偶然值林叟,談笑無還期」的第五、六句作答。

　　例 40「藥嶠」即藥山,僧人問藥山圓光禪師法燈相傳,和尚
是第幾人,圓光擷取詩僧靈澈〈東林寺酬韋丹刺史〉的「年老心閒
無外事,麻衣草座亦容身。相逢盡道休官好,林下何曾見一人」末
兩句回覆。

　　例 41 白雲令弇和尚回應僧人要求舉唱法義,令弇擷取華亭船
子〈撥棹歌〉「千尺絲綸直下垂,一波才動萬波隨。夜靜水清魚不
食,滿船空載月明歸」末兩句答之。

　　除了禪師以詩句作答之外,有時僧人的提問或禪師之間的辨機
都採詩句,使用譬喻或象徵語言來對話,顯示對向學的僧侶或一方
禪師而言,用詩句問或答是很普遍、常見的。當問與答都是詩句時,
提問與回答的音節數總會一致,如提問者用七言兩句發問,回答者
亦以七言兩句回應。

42.問:「飛岫巖邊華子秀,仙境臺前事若何?」師曰:「無
　　價大寶光中現,暗客惛惛爭奈何!」（T51, no.2076,
　　p0372c22）
43.問:「白浪滔天境,何人住太虛?」師曰:「靜夜思堯
　　鼓,迴頭聞舜琴。」

44.佛日長老訪師。……佛日曰：「如來路上無私曲，便請
玄音和一場。」師曰：「任汝二輪更互照，碧潭雲外不
相關。」佛日曰：「為報白頭無限眾，此回年少莫歸鄉。」
師曰：「老少同輪無向背，我家玄路勿參差。」（T51,
no.2076, p0284c09）

例 42 是僧人與契符清法禪師的對話，提問與回答都是兩句七
言詩句，提問句「飛岫巖邊」與「仙境臺前」對仗。

例 43 是僧人與鳳凰山疆禪師的對話，問答都是兩句五言詩
句，提問兩句和回答兩句各自平仄相對。

例 44 是佛日長老和徑山洪諲禪師一連串的問答對機，兩人都
以兩句七言詩句往返對答，問句與答句各自平仄相對。

行文至此，諸多例證已充分說明禪林的對答詩句打破時間和空
間的界線，普遍流傳於宗派之間，應用的範圍很廣泛，舉凡特定問
題、宗門主旨都能用詩句表達。

綜觀本節第一、二點（即對答詩句的綜合分析，對答詩句模因
流傳與應用），歸納對答詩句「形式」方面特點。首先是句數以兩
句為常，其次是單句；言數以七言、五言為常；押韻是針對韻文而
言，需是完整的一首詩歌或禪偈，只有單句無法談押韻，只有兩句
亦難論押韻（儘管有些確實用韻）；平仄上，單句不論平仄相對，
兩句常見平仄相對；對仗上，單句不論對仗，兩句也不要求一定對
仗（儘管有部分對仗了）；詞語上，少見佛教詞語，多偏向清麗雅
致。「性質」方面，無論原創詩句，或化用他人詩句，常藉由寫景
句象徵，或設喻作答。看似詩意盎然，仔細端詳似又答非所問或背

離邏輯，旨在不落言詮，換句話說，禪師的答語外形是「詩句式」模因，內容是「活句」或「格外句」模因。

三、驗證假設

基於第三節與本節前兩點的論述，發現禪偈與對答詩句在「形式」和「性質」的差距是前者屬完整偈頌，用韻較頻繁，敘事說理性較強。後者句數限於一句或兩句，兩句者平仄多相對，普遍不計用韻，寫景傳意性較強。

分述完禪偈與對答詩句後，現在可從宏觀的、歷史的角度檢驗前言末尾的假設是否合理。眾所周知，經偈普遍的特色是「齊言」，也唯有此點與古典詩歌最接近，經偈的不用韻、不講平仄、用語淺白、敘事說理性強，則與詩歌有或多或少的不同，所以中國文學史介紹詩歌的發展總不涉及經偈。易言之，經偈不被視為詩歌的成員。

宗門禪偈的形成可能直接來自教門經偈。首先，禪偈和經偈都出於佛教典籍；其次，從第三節看到早期禪偈和經偈的「體例」、「形式」和「性質」有許多共同點，部分禪偈雖然押了韻（有的押仄韻），但詞面不避重覆，採用佛教詞語，平鋪直述，措辭淺白，顯示禪偈模仿的對象是「經偈」。[53]隨著禪師與仕宦往來頻繁等諸

---

53 本文假設「早期模仿的是經偈」，按常理推測，說早期偈頌受到大環境影響而模仿古體詩也不無可能，但從佛教發展脈絡看，禪師模仿漢譯佛經常見的經偈而為（早期）禪偈，似更直接相關，且杜松柏《禪學與唐宋詩學》第三章〈以詩寓禪〉提到：「偈頌隨佛經之譯傳，已以整齊之詩句形式而傳於中土，有四言、五言、六言、七言等體，垂傳至唐，已近六百年，考其初始，乃說理之散文，使之字句整齊，偶諧韻律而已。至唐之近體詩盛

多外在因素，增加了禪偈和詩歌接觸的可能，禪偈轉趨模仿「詩歌」，增添詩的元素，促使晚期禪偈的「形式」（用韻、平仄、詞語）和「性質」發生改變，逐漸和早期禪偈形成差異。

所以，宗門詩句在口頭傳播時，詩句式模因不是全面兼備所有的詩歌特徵，而是先模仿某項形式後，再擴展到其他形式，伴隨而來，性質也有所改變，寫景傳意之抒情性漸漸轉濃，意即「形式先具備，性質再加強」。

那麼，對答詩句是否可看成是「禪偈的減縮」呢？就發生先後而言，《傳燈錄》前三卷紀錄佛陀、早期祖師言行，只見禪偈而無對答詩句，是否真無對答詩句（或該對答詩句是否等同本文定義的對答詩句），抑或未留紀錄，筆者尚難確定。不過，卷四之後的對答詩句逐漸豐富，似透露了禪師教學、論辯以詩句回答的情況漸漸增多。再者，如果不論形式方面的押韻，就平仄、用語、抒情寫景而言，對答詩句的詩味比禪偈還濃厚。如果對答詩句來自禪偈，僅是句數縮減何以導致詩味明顯不同？是故，認定對答詩句為禪偈減縮的結果恐難成立。

是否能憑著對答詩句的濃烈詩味，推測它是「詩歌的減縮」？按常理而言，做單句或雙句的詩句比一首完整的詩歌容易，[54]不

行，佛禪應用偈頌，乃日興盛……。」此段明白點出後出的禪偈受近體詩影響較深，按其文意邏輯，似意味早期禪偈與佛典的經偈比較相關，映證了本文的假設。參見杜松柏：《禪學與唐宋詩學》（臺北：黎明文化，1976年10月），頁197。

54　創作片段的佳句比成篇的詩歌較為簡單，如南朝宋、齊之際的謝朓（464-499）被鍾嶸（468-518）的《詩品·中品》評為：「一章之中，自

過，前述推測要能成立邏輯上必須先有一首詩歌，據此再行縮略成
單、雙句之對答詩句，這與事實並不符合，或許將它看成是組成完
整詩歌的零件比較合適，[55]不宜簡單化約，認爲對答詩句是詩歌的
減縮。

禪偈與對答詩句出現在交際語境，當下的交際重點是禪法的傳
承和交流，而非進行文學遊戲或競賽，所以，禪林的詩句式模因「不
具備詩歌全部特徵」，「只有部分特徵」的情形便可以理解了。嚴
格而言，唐五代的禪偈或對答詩句不能直接和詩歌劃上等號，只能
說它們的發展是逐步朝向詩歌前進，從不是詩歌的成員（如經偈、
早期禪偈），模仿得愈來愈有詩的味道。[56]

偈頌的發展史大致是從質樸的東漢六朝經偈，到唐五代禪偈與
對答詩句，再到北宋古德公案逐漸定型，頌古如雨後春筍，爛漫有
文，風格多變，詩味濃烈。因此，筆者認爲在禪林詩句式模因的演
變之路上，禪偈與對答詩句扮演了重要角色，是必經的過渡。

有玉石，然奇章秀句，往往警道，足使叔源失步，明遠變色。善自發詩端，
而末篇多躓，此意銳而才弱也。」意即小謝的詩作有句無篇（有佳句無佳
篇）。參見〔梁〕鍾嶸著，周振甫譯注：《詩品》（北京：中華書局，1998
年 2 月），頁 71。

55 如前揭元安的兩組對答「颯颯當軒竹，經霜不自寒」、「只聞風擊響，不
知幾千竿」拼合後，即爲一首詩歌。

56 筆者所謂「唐五代的禪偈或對答詩句不能直接和詩劃上等號」是從近體詩
角度所下的判斷。時移至宋，情況已經改觀。周裕鍇提到宋代許多禪師的
偈頌完全就是詩歌，北宋後期各宗派禪師中，有不少人上堂說法愛用詩
句，就好像優美的抒情詩，南宋初期甚至發展到法堂如同文苑，參禪有若
賽詩。參見周裕鍇：《禪宗語言》，頁 178-183。

第五節 詩句式模因的特質與傳播

禪偈和對答詩句出現在口頭交際場合,短時間內的應答可以做到平仄、押韻或對仗,這種現象有些類似先秦外交場合的賦詩言志,對脫離時空場域的現代人來說是難以置信的,訝異他們如何辦到。但不可否認禪籍的詩句式模因具有「多產性」,本文的例子僅限於《傳燈錄》,其他禪籍還有多如牛毛的詩句。

過去總說禪門詩句的現象與當時詩風盛行、禪師的素養、吸引仕宦階級有關,筆者認為這些是外在條件,更重要的是詩句式模因「本身的特質」,其「音節數」、「押韻」、「平仄」及「對仗」特質才是關鍵因素,詩句容易引發注意,容易同化其他宿主,有利於記憶,而「同化」與「記憶」正是模因傳遞的前兩階段,相當於「訊息的輸入」。

心理學證實人類短時記憶能力能接受的信息組塊容量是 7±2。吳琦幸指出五言或七言正落於最佳記憶形式,加上五言或七言節奏停頓點單雙錯落,形成抑揚頓挫的韻律感,[57]所以,無論禪偈或對答詩句,言數通常是五言或七言,除了解釋成受古典詩歌的影響外,更深層的原因是「大腦的記憶模式」。

不過,短期記憶屬臨時記憶,[58]僅憑五、七言是最佳記憶模式

---

57 參見吳琦幸:〈漢字與格律詩的互為生成〉,《文化語言新論》(上海:上海古籍出版社,2003 年 1 月),頁 121-140。

58 有關短期記憶的介紹請參見(法)貝納德・科瓦依勒(Bernard Croisile)著,袁雅欣譯:《解讀記憶的奧秘》(Votre Mémoire)(香港:綠洲出版社,2011 年 7 月),頁 122。

還不足以確保它們能被長時間記住（進入長期記憶）。如果加上押韻，平仄規律，甚至對仗，均能提升記憶的效率。吳琦幸指出押韻是利用同聲相應的方式增加組塊容量，擴大記憶廣度；對仗是一種聯想，透過相反或相類的聯想增加記憶容量；平仄聲調的變化形成一定規律。[59]擴充記憶廣度或容量讓我們記得更多，形成規律性能提高訊息冗餘度（redundancy），也有助於記憶。

由此便再次印證，不管是熟稔內外典的禪師，或文化素養普通的僧侶，他們的基本手段是以五、七言形式引起短暫記憶，更進一步者，才講求技巧，透過押韻、平仄或對仗，讓禪偈或對答詩句朗朗上口，便於記憶、流傳。這點和偈頌的發展亦是吻合，因為漢譯經偈只做到齊言；接著，早期禪偈做到齊言，偶有押韻；晚期禪偈押韻、平仄相對數量增多。

汀‧布諾曼諾（Dean Buonomano）談到大腦透過關聯性方式儲存事實性知識，設定一個字詞後，用自由聯想探索哪些字詞與它的關係，例如「大腦」，可能聯想到頭、思考、心智、智能等等，卻不會聯想到臭蟲。可見頭、思考、心智、智能與「大腦」組成一個語義網絡，網絡內的字詞還有鬆緊的關係，例如 28%的人先聯想到頭，只有 4%的人聯想到心智。[60]

59　參見吳琦幸：〈漢字與格律詩的互為生成〉，頁 121-140。

60　數據來源是 Nelson et al.（1998）調查數千人所得出的結論。轉引自汀‧布諾曼諾（Dean Buonomano）著，蕭秀珊、黎敏中譯：《大腦有問題？！：大腦瑕疵如何影響你我的生活》（臺北：商周出版，2012 年 8 月），頁 38-41。

　　如果將字詞換成「古典詩歌」，可能聯想到押韻、整齊、對仗、平仄、凝練等特徵，模因的模仿是基於人類認知和心理活動下的模仿，具有選擇性，不是一律如實複製。禪林詩句式模因優先選擇詩歌哪些特徵做模仿呢？儘管我們無法直接訪問古代禪師，但無數的禪偈便是間接證據，從晚期禪偈作為一首完整的單位，總能「齊言」，且多兼「押韻」（儘管仍不如近體詩嚴謹），反映「齊言」、「押韻」與其他特徵相較下，已經是內化並強力連結的詩歌特徵，表現最為突出（或說做到「齊言且押韻」是詩歌的「典型」）。同樣以這兩個特徵檢查對答詩句，會發現對答詩句難以討論押韻問題，因為「押韻」是針對一首詩歌的韻腳來論斷，對答詩句則只有一、兩句，故客觀上不宜以「必須押韻」看待對答詩句。

　　模因週期的後兩階段「表達」與「傳播」側重「訊息的輸出」。模因若想傳遞給其他個體，必須轉化成宿主能感知的有形體，而說話是一種「表達」方式，透過聲音進行「傳遞」。禪林崇尚活潑教學，利用面對面的口述互動，禪師和僧人將詩句式模因用聲音表達、宣揚開來，反覆的對答辯難，詩句式模因便不斷傳播，構成複製網路，循環不已。再加上有些機緣語句被弟子記錄後編輯成冊，大量的詩句轉成書面形式，書面傳播更有利於詩句式模因的「保真」與「長久流傳」（長壽性）。

　　本文的詩句式模因是就「模因的形式」所做的區分，如果以「意義」劃分，則是「直問直答」模因、「活句」模因、「格外句」模因等等，其中活句和格外句經常套用「詩句」體裁。舉例來說，活句模因如《傳燈錄·萬銅山廣德和尚》：「問：『如何是佛法大意？』師曰：『始嗟黃葉落，又見柳條青。』」（T51, no.2076, p0366b11）

禪師用詩句體裁包裹答語，表面上看來答語的內容是無意義的（答非所問），其實隱含高度的禪義。格外句模因如《傳燈錄‧泐潭寶峯神黨禪師》：「問：『如何是佛法大意？』師曰：『虛空駕鐵船，嶽頂浪滔天。』」（T51, no.2076, p0342b05）禪師一樣用詩句體裁包裹答語，答語的內容是顛倒常理。由此可見，詩句式模因在禪林的教學、勘辨活動中普遍被使用，是很重要的傳法工具，補充說明模因的複製和傳遞時可能發生變異，前揭的「師子窟中無異獸，象王行處絕狐蹤」擁有不同的變體，如「象王行處，狐兔絕蹤」、「象王行處，狐兔潛蹤」、「師子窟中，豈安異獸」，這些變體相當於「基因型模因」（相同的信息以異形傳播），[61]是傳播的正常現象。

　　最後，筆者將詩句式模因複製、傳播的循環週期如下圖所示：

61　何自然：〈語言中的模因〉，《語言科學》第 6 期（2005 年 11 月），又收錄於譚占海主編《語言模因研究》（2009 年 8 月），頁 10。

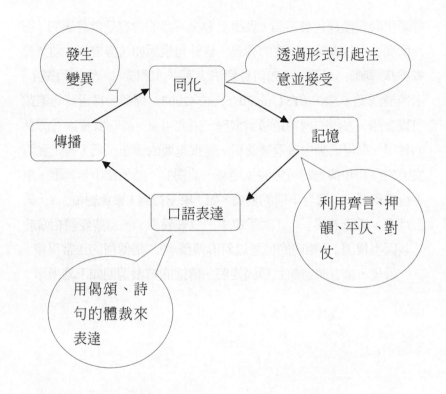

第六節　結語

　　筆者認爲宗門常用的詩句是一種強勢模因，具體的表現是「以詩明禪的禪偈」與「師資對答的詩句」。

　　愛爾蘭劇作家蕭伯納（George Bernard Shaw，1856-1950）曾說：「一代人眼中的新奇往往只是重新復活的上一代時髦。」天下沒有憑空而生的創新，總有其根源依據，宗門的詩句式模因亦是如此。禪偈的源頭可上溯至漢譯經偈，經偈譯自原典的韻文「祇夜」與「伽

陀」，其「體例」和「形式」的齊言、淺白、多佛語，「性質」側重敘事說理，均不同程度顯示禪偈與經偈的關係。

佛徒模仿經偈，發展出早期禪偈，再加上主、客觀條件，禪門的詩句式模因多了古典詩歌這個模仿對象，導致禪偈的「形式」和「性質」紛紛發生變化，印證第四章提到 Distin 所言，被優先選擇的模因必須與「當前的文化環境」相應的道理。

筆者推測這項轉變是「形式先於性質」，詩句式模因模仿經偈的齊言、淺白、敘事說理，反映在早期禪偈身上即是「形式」和「性質」與經偈類似，與古典詩歌差距較遠，當時的禪偈與詩歌主要共同點是齊言（部分禪偈用了韻）。後來，詩句式模因又模仿詩歌的其他形式（押韻規律、平仄、用語）和性質，使禪偈發生更多轉變。可見禪偈的形式演變比較早，後來性質才逐漸變化。

師資對答的詩句常見於特定問題或宗門旨意，例如詢問禪僧的境界、境中人、家風、道、祖師西來意、佛法大意、祖意與教意。對答詩句多是單句或雙句，兩句的詩句注重平仄，不求押韻，用語清新，側重寫景。

綜觀偈頌的歷時變化，從質樸的經偈到禪籍的禪偈與對答詩句，再到北宋詩味濃厚的頌古，顯示在詩句式模因的演變上，禪偈與對答詩句處於過渡時期。

禪偈和對答詩句形成於口頭交際，短短時間內的應答能注意到平仄、押韻或對仗，可見它能盛行絕不僅止於外在因素而已（如詩風盛行、禪師的素養、吸引仕宦階級），筆者認為最重要原因是「詩句式模因本身的特質」，促使它能在競爭中脫穎而出。詩句式模因能成功傳播和「大腦認知能力」有關，舉凡五言或七言的音節、協

調的押韻、規律的平仄、整齊的對仗，都容易引起注意，增加記憶容量，有利於訊息的輸入，符合第四章提到 Blackmore 所言模因能成功傳播是因爲「容易被記憶」。禪林崇尙活潑的口語教學和傳法活動，弟子或可用詩句提問，禪師用詩句回答，一來一往，反覆循環，亦助長了詩句式模因的傳播。

　　總結前論，詩句式模因的影響力不僅展現在詩歌，甚至擴及禪林生活，大量的禪偈與對答詩句證明詩句式模因屬於強勢模因，傳播力量強大，讓處在異時空的禪師不約而同以它來做傳法或鬥機鋒的利器。

第六章 結 論

　　本書針對《傳燈錄》的語言現象做主題式討論，第一個主題從基礎的詞語考釋開始，基於訓詁學、詞彙學、歷時語言學的方法，唯不同於訓詁「專研生難詞語以服務經典」的方針，筆者鎖定的一般詞語的語義、語法及其歷時演變。此章研究的詞語有兩組十三個，分別是：1.現今不用或罕用的「腳手」、「舉唱」、「舉問」、「舉似／舉示」、「過量人」、「影堂」、「精藍」、「脫灑」，這些詞語在禪籍與其他文獻中有所差異。2.現今仍用但意義或結構改變的「消遣」、「染指」、「化緣／緣化」。因為各詞狀況不同，為免流於絮絮叨叨，諸詞的研究成果容請參閱第二章結語。

　　接著，第三章選擇語言中的普遍現象——「同義詞」為研究主題。古漢語的同義詞多如牛毛，其中又以文化詞最具特色，因此，本章篩檢《傳燈錄》的名詞類「煩惱」文化詞，分為六組討論，分別是：「惱」、「漏」、「塵」、「垢」、「惑」、「纏」。再從語義、語法、語用三個平面，指出共同的義位，挖掘彼此的差異。

　　筆者發現若是「典型名詞」，直接表示煩惱義的頻率較高，反之，形容詞或動詞的煩惱詞得透過「轉指」變成名詞，直接以單音形式表煩惱義的頻率較低，為了增加辨識度，這些詞再與其他語素結合，變為雙音詞，且多以「定中式」或「類義的並列式」來確立

詞類為名詞。若非上述兩類，即使變成雙音詞仍可能被理解為動詞。

「煩惱」同義詞的語義差異在於「指稱視角的不同」，從認知機制來看，「煩惱」同義詞之所以能表示煩惱的概念，有些是基於「相似性」，以隱喻的方式表示抽象的煩惱，有些則是煩惱的心理狀態，基於「鄰近性」，提取顯著狀態代表煩惱。「煩惱」同義詞在語法上有較多共性。語用也沒有顯著區別，符合黃金貴所言古漢語同義詞之別主要是理性意義，而非附加意義（語用層面）。

最後，筆者利用語用學的「模因論」，試圖讓高妙難解的機緣語句更具條理化和系統化。自從 1976 年 Dawkins 模仿 gene 造出 meme 之後，模因論受到各界矚目，理論架構逐漸成熟，舉凡動物學、心理學、教育學、社會學、管理學、神學、化學、哲學、語言學等等，皆肯定模因的力量無遠弗屆，對許多學科有重大的影響。

準此，第四章是基於模因是文化傳遞的基本單位、大腦的信息單位，文化依賴語言文字當作傳播的媒介，而語言本身也是一種模因，因此，禪師與學人之間的機緣語句亦是模因力量的體現。本章選取晚唐五家禪師仰山慧寂、臨濟義玄、曹山本寂、雲門文偃、法眼文益的機緣語句，歸納他們習用的模因，透過語言學的分析，概括各家的強勢模因，凸顯特色模因，有助於理解古籍對五家門庭施設評點的意義。

五家禪師的特色分析完畢，第五章做個案分析，筆者選取「詩句式」模因進行全盤性、綜合性的進階論述，偈頌經過歷時的變化，從質樸的經偈，到語錄的禪偈與對答詩句，再到北宋時公案逐漸定型，頌古大量產出，可見在禪林「詩句式」模因的演變過程中，禪偈與對答詩句扮演重要角色，是必經的過渡。這個過渡的特色是「詩

句式」模因由顧及某項形式後再擴展到其他形式，漸趨完善，寫景傳意之抒情性逐漸加深，換言之，是「形式先具備，性質再加強」。

語言現象種類很多，本書關照了三個主題（詞義解釋、同義詞辨析、語言模因），每個主題都可再行擴展，抑或另闢其他子題，禪宗語言研究有無限的發展空間。

就本書的三個主題而言，首先，一般詞語雖然分為兩種類型，但整體數量豐富，還能進行更多的個案考察，例如《祖堂集》、《景德傳燈錄》、《五燈會元》等禪籍常見「Ｖ次」，如「行水次」、「遊行次」、「禮拜次」、「侍立次」、「造次」等等，這些結構的「次」相當於「…的時候」，江藍生與田春來曾描寫該詞，但溯源方面似無確切結論。究竟「次」是來自中土，抑或受外來語影響而產生？它是如何發展、演變呢？目前筆者尚無可信的線索，只能暫且放下這一連串的疑惑。

其次，同義詞的主題亦能再論，依照詞性來分，名詞、動詞、形容詞都有許多同義詞組，每一組尚可做內部的別異。例如面對眾多的煩惱，佛經出現一批相對詞，如悟、解、體、領、會、省、覺、了、通、達、知、悉、曉、理、開、契、體悟、領悟、開悟、發解、覺悟、理會、會解、解達，顯見佛教對「覺悟」的重視，如果能細緻區辨同義詞，便能增加詞彙量，充實腦中詞庫，提升語文運用能力，小至閱讀典籍或行文書寫，大至編輯國語辭典，均有莫大裨益。

再次，歷史上有許多禪師留下機緣語句，本書僅選取共時平面的五宗禪師為代表，個案方面，則以詩句式模因為主軸。未來還可針對其他禪師，或其個別的語錄分析語言模因，或者以特定一個宗派的禪師做縱向分析，從歷時觀點來看，更能確切掌握門庭施設是

否改變，以及如何轉變。個案部分，除了詩句式模因值得深談以外，其他的模因（如直問直答、體勢語、活句、格外句）也能細究。

誠如北宋蘇軾（1037-1101）〈題西林壁〉所言：「橫看成嶺側成峰，遠近高低各不同」，面對同一個人、事、物，從方方面面、或遠或近來觀賞與品味，總會有新的認識與體會。筆者試著站在模因傳播的高度檢視禪師的語言，見到了一種面貌，離開「模因論」，換成其他視角再看禪籍，另一種「柳暗花明又一村」的感受又誕生了。

本書結合傳統語文學和語言學的知識，多元地探索《傳燈錄》的語言。筆者不揣譾陋，勉力為之，拙著是磚，意在引玉，冀望更多有心人關注禪籍，討論禪宗語言，大家的努力匯聚在一起，正所謂「雖不中，亦不遠矣」，相信將來我們會更瞭解禪宗語言。

參考書目

一、古籍

〔東漢〕班固撰，〔唐〕顏師古注：《漢書》，臺北：鼎文書局，1986 年 10 月，6 版

〔東漢〕許慎撰，〔清〕段玉裁注：《新添古音說文解字注》，臺北：洪葉文化，1999 年增修一版，經韻樓藏版

〔梁〕鍾嶸著、周振甫譯注：《詩品》，北京：中華書局，1998 年 2 月 中文出版社，1984 年 5 月

〔唐〕慧琳撰：《一切經音義》，《大正新修大藏經》第 54 冊，臺北：新文豐出版社，修訂版一版，1983 年

〔唐〕曹山本寂，（日）指月慧印校：《撫州曹山元證禪師語錄》，《大正新修大藏經》第 47 冊，臺北：新文豐出版社，修訂版一版，1983 年

〔唐〕陸希聲：〈仰山通智大師塔銘〉，收於清董誥等編《全唐文》卷 813，北京：中華書局，1987 年

〔南漢〕陳守中：〈大漢韶州雲門山大覺禪寺大慈匡聖宏明大師碑銘並序〉，收於清董誥等編《全唐文》卷 892，北京：中華書局，1987 年

〔南漢〕雷岳：〈大漢韶州雲門山光泰禪院匡眞大師實性碑並序〉，收於清陸心源編《唐文拾遺》卷 48，上海：上海古籍出版社，2002 年，《續修四庫全書‧集部‧總集類》1651 年

〔南漢〕雷岳：〈雲門山光泰禪院匡眞大師行錄〉，收於北宋守監集《雲門匡

真禪師廣錄》，《大正新脩大藏經》第 47 冊，臺北：新文豐出版社，修訂版
　　一版，1983 年

〔南唐〕靜、筠二禪師編撰，孫昌武、（日）衣川賢次、西口方男點校：《祖
　　堂集》，北京：中華書局，2007 年 10 月

〔北宋〕道原撰，張華釋譯：《景德傳燈錄》，高雄：佛光出版社，1997 年

〔北宋〕道原撰，顧宏義注譯：《景德傳燈錄譯注》，上海：上海書店出版社，
　　2010 年 1 月

〔北宋〕道原編：《宋版、高麗本景德傳燈錄》，〔日〕柳田聖山主編，京都：
　　中文出版社，1984 年 5 月

〔北宋〕道原編：《景德傳燈錄》，《大正新修大藏經》第 51 冊，臺北：新
　　文豐出版社，修訂版一版，1983 年

〔北宋〕道原編：《景德傳燈錄》，臺北：新文豐出版社，1988 年 6 月

〔北宋〕歐陽修、宋祁：《新唐書・卷四十四・選舉志上》，臺北：鼎文書局，
　　1981 年

〔北宋〕贊寧：《宋高僧傳》，《大正新修大藏經》第 47 冊，臺北：新文豐
　　出版社，修訂版一版，1983 年

〔元〕方回：〈清渭濱上人詩集序〉。《欽定四庫全書・集部・別集類・金至
　　元・桐江續集・卷三十三》，香港：迪志文化，1999 年

〔明〕李東陽：〈滄州詩集序〉，《欽定四庫全書・集部・別集類・明洪武至
　　崇禎・懷麓堂集・卷二十五》，香港：迪志文化，1999 年

任半塘編著：《敦煌歌辭總編》，上海：上海古籍出版社，1987 年 12 月

陳尚君輯校：《全唐詩補編》，北京：中華書局，1992 年 10 月

二、近人論著

（日）中村元著，林光明編譯：《廣說佛教語大辭典》，臺北：嘉豐出版社，

2009 年 5 月

（日）忽滑谷快天著，朱謙之譯：《中國禪學思想史》，上海：上海古籍出版社，1994 年 5 月

（日）阿部肇一著，關世謙譯：《中國禪宗史》，臺北：東大圖書，1999 年 2 月四版（原名：《增定中國禪宗史の研究》，1986 年 2 月）

（日）柳田聖山著，毛丹青譯：《禪與中國》，臺北：桂冠圖書，1992 年 5 月

（法）貝納德・科瓦依勒（Bernard Croisile）著，袁雅欣譯：《解讀記憶的奧秘》（Votre Mémoire），香港：綠洲出版社，2011 年 7 月

（英）戴維・克里斯特爾（David Crystal）編，沈家煊譯：《現代語言學詞典（第四版）》（A dictionary of linguistics and phonetics），北京：商務印書館，2000 年 12 月

丁邦新：〈國語中雙音節並列語兩成分間的聲調關係〉，《中央研究院歷史語言研究所集刊》 39 本下冊（1969 年），頁 155-173

丁邦新：〈論語、孟子及詩經中並列語成分之間的聲調關係〉，《中央研究院歷史語言研究所集刊》47 本 1 分（1975 年 12 月），頁 17-52

丁喜霞：《中古常用並列雙音詞的成詞和演變研究》，北京：語文出版社，2006 年 8 月

巴壺天：《禪骨詩心集——禪學參究者應具有的條件與認識》，臺北：東大圖書，1990 年 3 月再版

方一新：〈中古近代漢語詞彙研究的總結性成果——以幾部斷代詞語通釋和專書語言詞典為例〉，《合肥師範學院學報》第 4 期（2008 年 7 月），頁 17-22

王力：《詩詞格律》，北京：中華書局，2000 年 4 月

王力：《漢語詩律學》，上海：上海教育出版社，2005 年 4 月

王晴慧：《六朝漢譯佛典偈頌與詩歌之研究》，臺北：花木蘭文化出版社，2006 年 3 月

王雲路：〈論漢語詞彙的核心義——兼談詞典編纂的義項統系方法〉，收錄於

《中古漢語論稿》，北京：中華書局，2011 年 7 月，頁 1-47

汀・布諾曼諾（Dean Buonomano）著，蕭秀珊、黎敏中譯：《大腦有問題？！：大腦瑕疵如何影響你我的生活》，臺北：商周出版，2012 年 8 月

任珊：《禪語問答的認知語言學關照──以《景德傳燈錄》爲中心》，杭州：浙江大學碩士論文，俞忠鑫先生指導，2006 年 1 月

印順法師：《中國禪宗史》，臺北：正聞出版社，2003 年 8 月

江藍生、曹廣順主編：《唐五代語言詞典》，上海：上海教育出版社，1997 年 11 月

江藍生：〈「舉似」補說〉，《近代漢語探源》，北京：商務印書館，2000 年 2 月，頁 266-274

池昌海：《《史記》同義詞研究》，上海：上海古籍出版社，2002 年 4 月

何自然、何雪林：〈模因論與社會語用〉，《現代外語》第 2 期（2003 年 4 月），頁 200-209

何自然：〈語言中的模因〉，《語言科學》第 6 期（2005 年 11 月），又收錄於譚占海主編《語言模因研究》（2009 年 8 月），頁 1-18

吳汝鈞：《游戲三昧──禪的美學情調》，臺北：臺灣學生書局，1993 年 2 月

吳琦幸：〈古代歌詩緣起論〉，《文化語言新論》，上海：上海古籍出版社，2003 年 1 月，頁 105-122

吳琦幸：〈漢字與格律詩的互爲生成〉，《文化語言新論》，上海：上海古籍出版社，2003 年 1 月，頁 121-140

吳碧雲：《《生經》同義詞研究》，長沙：湖南師範大學碩士論文，鄭賢章先生指導，2009 年

吳戰壘：《中國詩學》，北京：東方出版社，1991 年 9 月

宋永培：《《說文》與上古漢語詞義研究》，成都：巴蜀書社，2001 年 6 月

宋雅云：〈上古漢語性質形容詞的詞類地位及其鑑別標準〉，《中國語文》第 1 期（2009 年 1 月），頁 10-21

李榮主編：《現代漢語方言大詞典》，南京：江蘇教育出版社，2002 年 12 月

李豔琴、郭淑偉、嚴紅彥：《祖堂集、五燈會元校讀》，成都：巴蜀書社，2011
　　年 11 月

杜松柏：《禪學與唐宋詩學》，臺北：黎明文化，1976 年 10 月

杜曉莉：《《景德傳燈錄》同義名詞研究》，成都：四川大學碩士論文，雷漢
　　卿先生指導，2003 年 3 月

杜繼文、魏道儒：《中國禪宗通史》，南京：江蘇古籍出版社，1993 年 8 月

汪維輝：〈再說「舉似」〉，《著名中年語言學家自選集；汪維輝卷》，上海：
　　上海教育出版社，2011 年 10 月，頁 306-329

沈家煊：〈從「演員是個動詞」說起——「名詞動用」和「動詞名用」的不對
　　稱〉，《當代修辭學》第 1 期（2010 年 2 月），頁 1-12

周文德：《《孟子》同義詞研究》，成都：巴蜀書社，2002 年 9 月

周荐：《同義詞語的研究》，天津：天津人民出版社，1991 年 8 月

周紹良編著：《敦煌寫本《壇經》原本》，北京：文物出版社，1997 年 12 月

周裕鍇：《中國禪宗與詩歌》，上海：上海人民出版社，1992 年 7 月

周裕鍇：《禪宗語言》，杭州：浙江人民出版社，1999 年 12 月

周裕鍇：《禪宗語言研究入門》，上海：復旦大學出版社，2009 年 5 月

知識出版社編：《文學百科辭典》，北京：知識出版社，1991 年 4 月

姚振武：〈漢語謂詞性成分名詞化的成因及規律〉，《中國語文》第 1 期（1996
　　年 2 月），頁 31-39

洪修平：《中國禪學思想史綱》，南京：南京大學出版社，1994 年 9 月

洪修平：《禪宗思想的形成與發展（修訂本）》，南京：江蘇古籍出版社，2000
　　年 1 月

胡憚：《概念變體及其形式化描寫》，北京：中國社會科學出版社，2011
　　年 4 月

胡靜署、陳有進、王富仁、程郁綴主編：《文學百科大辭典》，北京：華齡出
　　版社，1991 年 1 月

孫尚勇：〈中古漢譯佛經偈頌體式研究〉，《普門學報》第 27 期（2005 年 5

月），頁 1-22

孫昌武：《佛教與中國文學（第 2 版）》，上海：上海人民出版社，2007
　　年 6 月

孫昌武：《禪思與詩情》，北京：中華書局，1997 年 8 月

徐文明：《唐五代曹洞宗研究》，北京：中國社會科學出版社，2012 年 12 月

徐正考：《《論衡》同義詞研究》，北京：中國社會科學出版社，2004 年 9 月

徐志平、黃錦珠：《文學概論》，臺北：洪葉文化，2009 年 9 月

祖生利：〈《景德傳燈錄》中的聯合式複音詞〉，《古漢語研究》第 3 期（2002
　　年），頁 58-63

祖生利：〈《景德傳燈錄》中的支配式和主謂式複音詞淺析〉，《西藏民族學
　　院學報》第 1 期（2001 年 3 月）頁 76-78

祖生利：〈《景德傳燈錄》中的偏正式複音詞〉，《古漢語研究》第 4 期（2001
　　年），頁 78-82

祖生利：〈《景德傳燈錄》中的補充式複音詞〉，《渭南師範學院學報》第 3
　　期（2001 年 5 月），頁 16-19

祖生利：〈《景德傳燈錄》的三種複音詞研究〉，《古漢語研究》第 4 期（1996
　　年），頁 61-65

耿振生：《詩詞曲的格律和用韻》，鄭州：大象出版社，1997 年 4 月

袁賓、康健主編：《禪宗大詞典》，武漢：崇文書局，2010 年 5 月

袁賓主編：《禪宗詞典》，武漢：湖北人民出版社，1994 年 1 月

袁賓編著：《宋語言詞典》，上海：上海教育出版社，1997 年 11 月

高婉瑜：〈從模因論看禪門詩句的發展與傳播──以《景德傳燈錄》為中心〉，
　　《師大學報：語言與文學類》（2014 年 5 月 27 日接受刊登）。

張文國、張能甫：《古漢語語法學》，成都：巴蜀書社，2003 年 3 月

張昌紅：〈論詩、偈的異同及偈頌的詩化〉，《河南師範大學學報》（哲社版），
　　第 6 期（2012 年），頁 155-158

張相：《詩詞曲語辭匯釋》，臺北：洪葉文化，1993 年 4 月，原為北京中華
　　書局 1991 年版

張雙英：《文學概論》，臺北：文史哲出版社，2002 年 10 月

張巍：《中古漢語同素逆序詞演變研究》，上海：上海古籍出版社，2010
　　年 3 月

曹逢甫：〈唐詩對偶句的形式條件與篇章修辭功能〉，《從語言學看文學：唐
　　宋近體詩三論》，臺北：中央研究院語言學研究所，2004 年 4 月，頁 97-173

曹逢甫：〈從主題──評論的觀點看唐宋詩的句法與賞析〉，《從語言學看文
　　學：唐宋近體詩三論》，臺北：中央研究院語言學研究所，2004 年 4 月，
　　頁 49-96

許寶華、宮田一郎主編：《漢語方言大詞典》，北京：中華書局，1994 年 4 月

陳士強：《中國佛教百科叢書──經典卷》，臺北：佛光文化，1999 年 8 月

陳垣：《中國佛教史籍概論》，北京：中華書局，1962 年 11 月

陳紹偉編：《詩歌辭典》，廣州：花城出版社，1986 年 10 月

陳靜：《唐宋律詩流變研究》，濟南：齊魯書社，2009 年 11 月

湯用彤：《隋唐佛教史稿》，北京：中華書局，1982 年 8 月

程湘清：〈寫在前面──漢語史專書研究方法論〉，《漢語史專書複音詞研究
　　（增訂本）》，北京：商務印書館，2008 年 1 月，頁 7-23

馮國棟：《《景德傳燈錄》研究》，復旦大學博士論文，陳允吉先生指導，2004
　　年 4 月

黃金貴：《古漢語同義詞辨識論》，上海：上海古籍出版社，2002 年 8 月

黃連忠：《禪宗公案體相用思想之研究》，臺北：臺灣學生書局，2002 年 9 月

黃曉多：《《荀子》單音節形容詞同義關係研究》，成都：巴蜀書社，2003
　　年 6 月

楊紹安：《《修行道地經》同義詞研究》，長沙：湖南師範大學碩士論文，鄭
　　賢章先生指導，2007 年

楊惠南：〈論禪宗公案中的矛盾與不可說〉，《禪史與禪思》，臺北：東大圖書，1995 年 4 月

楊曾文：〈道原及其《景德傳燈錄》〉，《南京大學學報》第 3 期（2001 年），頁 52-63

楊曾文：《唐五代禪宗史》，北京：中國社會科學出版社，1999 年 5 月

葛兆光：《增訂本中國禪思想史：從六世紀到十世紀》，上海：上海古籍出版社，2008 年 12 月

董秀芳：《漢語的詞庫與詞法》，北京：北京大學出版社，1994 年 12 月

董紹克、李焱、趙紅梅：《漢語方言詞彙比較研究》，北京：商務印書館，2013 年 3 月

趙倩：《漢語人體名詞詞義演變規律及認知動因》，北京：中國社會科學出版社，2013 年 3 月

趙潤峰主編：《文學知識大觀》第一卷，長春：時代文藝出版社，2009 年 12 月

趙學清：《《韓非子》同義詞研究》，北京：中國社會科學出版社，2004 年 6 月

趙豔芳：《認知語言學概論》，上海：上海外語教育出版社，2001 年 3 月

劉丹青：〈「唯補詞」初探〉，《漢語學習》第 3 期（1994 年 6 月），頁 23-27

劉果宗：《禪宗思想概說》，臺北：文津出版社，2001 年 4 月

劉復、李家瑞編：《宋元以來俗字譜》，臺北：中央研究院歷史語言研究所，1992 年 12 月景印一版，原 1930 年 2 月出版

蔡榮婷：《景德傳燈錄之研究──以禪師啟悟弟子之方法為中心》，臺北：政治大學中文所碩士論文，李豐楙先生指導，1984 年 6 月

蔣紹愚：〈《祖堂集》詞語試釋〉，《中國語文》第 2 期（1985 年 4 月），頁 142-147

謝朝群、何自然：〈語言模因說略〉，《現代外語》第 1 期（2007 年），又收錄於譚占海主編《語言模因研究》（2009 年 8 月），頁 41-57

謝朝群、李冰芸：〈禮貌・語言・模因〉，《福建師範大學學報（哲社版）》第 3 期（2006 年），又收錄於譚占海主編《語言模因研究》（2009 年 8 月），頁 19-30

顏洽茂：《魏晉南北朝佛經詞彙研究》，高雄：佛光山文教基金會，2002 年 8 月（杭州大學中文系博士論文，蔣禮鴻先生指導，1992 年）

顏崑陽：〈用詩，是一種社會文化行為模式──建構「中國詩用學」初論〉，《淡江中文學報》第 18 期（2008 年 6 月），頁 279-302

羅竹風主編：《漢語大詞典》，上海：漢語大詞典出版社，1994 年

譚偉：《《祖堂集》文獻語言研究》，成都：巴蜀書社，2005 年 7 月

釋慈怡主編：《佛光大辭典》第三版，佛光山電子大藏經
http://etext.fgs.org.tw/etext6/search-1.htm

顧偉康：《拈花微笑──禪宗的機鋒》，昆明：雲南人民出版社，1997 年 6 月

Blackmore, Susan. *The Meme Machine*. Oxford: Oxford University Press, 1999.

Ogden,Charles Kay and Richards, Ivor Armstrong. *The Meaning of Meaning：a study of the influence of language upon thought and of the science of symbolism*, London : Routledge & Kegan Paul, 1966〔1923〕10th ed.

Dawkins, Richard. *The Extended Phenotype*. Oxford: Oxford University Press, 1982

Dawkins, Richard. *The Selfish Gene*. New York: Oxford University Press, 1976

Dawkins, Richard. *The Selfish Gene: 30th Anniversary Edition*. New York: Oxford University Press, 2006

Distin, Kate. *The Selfish Meme: A Critical Reassessment*. Cambridge: Cambridge University Press, 2005

Grice, Herbert Paul. *Studies in the Way of Words*. Cambridge, Mass: Harvard University Press, 1989

Heylighen, Francis. "What makes a meme successful? Selection criteria for cultural evolution. " *Proceedings of the 15th International Congress on Cybernetics* (1998), pp.418-423

後記

　　這本小書的誕生與筆者以往的研究有些關聯，也有些許不同。就讀博士班時，與佛教結緣，毅然決定從古文字學轉往佛經語言領域尋找論文題目。博士論文設定的主題是漢文佛經的後綴（suffix），利用語法化學說觀察中古佛經、近代禪籍幾個後綴的歷時變化。

　　民國 96 年 2 月，有幸到淡江大學任教，轉眼已七個寒暑，這些年發表的論文仍以漢語史為主，包含連詞的歷時演變、佛經詞語、咒語的研究，還有社會語言學、網路語言的探索等等。從成果來看，論文牽涉領域較廣，數量較多，之所以會如此，與我的指導教授有關。在中正大學唸書時，黃靜吟老師說我是她第一個學生，鼓勵我勇於發表論文，累積研究經驗。還有一次竺家寧老師上課時，告訴我們為學要如金字塔，多方接觸新知，基礎能兼顧穩固與廣闊，才能持續往上爬。兩位恩師的一席話言猶在耳，鞭策學生不斷前進。

　　對我而言，這些成果不代表天資聰穎或能力很強，其實我不是聰明的學生，記得小時候家母常叮嚀「勤能補拙」，可能她早已知道孩子的資質。因之，今天能累積一些成績，貼切的說法是貴人幫忙，再加上辛勤耕耘的印記吧！

　　學而後知不足，這些年接觸語言學的感想是，要妥切解釋現象必須有多元的知識背景做支持，因爲語言現象不是單一因素造成的，是多層因素的匯聚與積累。再者，回應問題的方法不只一個，憑藉不同理論或角度，論證的過程與結果隨之有別，既然如此，就沒有哪個結果可堅持是唯一正確或永遠正確。

　　這本小書討論的範圍雖限於《景德傳燈錄》，細究才知問題叢生。筆者試著從三個主題切入研究，三個主題在發生的程序上是相關的，首先，詞語探討是閱讀的根基，依漢語史理路，本書選的不是高深的佛教用語，而是更有價值的一般詞語，試圖拼湊演變的環節。進一步精讀，發覺《傳燈錄》有豐富的同義詞群，同義詞的存在印證詞語百花齊放、互相競爭的歷史。談禪籍，不可忽略電光石火般的機緣語句，機緣語句是《傳燈錄》的精華。禪師傳法的當下不可能思量要用哪些語言形式，有趣的是，各個禪師選擇的方式卻如此相似，除了歸咎於外在因素，換個角度看，形式是模因，經常入選的形式便是強勢模因，強勢模因已深植腦中，自然能脫口即出，對答如流。所以，筆者大膽援用模因論來觀察禪師的語言模因，並以強勢的詩句式模因爲例，推測其發展與傳播過程。

　　研究禪籍語言眞讓人兩難，站在修行的立場，憑恃表面的語言文字如何參禪悟道？站在語言的立場，禪籍保存較多的口語材料，有助於瞭解當時的語言面貌。筆者根性駑鈍，才學淺薄，本書的面世僅是一段讀書歷程的呈現，因爲能力有限，無法全面揭露《傳燈錄》語言現象，書中所論亦有疏漏，尚祈方家見諒，不吝指正。

　　最後必須一提的是我的父母。十分感恩家父、家母照料小女，在忙碌之餘，家母還跟兒時一樣，時時叮嚀，關切進度，家父母是

促成拙著誕生的重要推手。寫作期間遇到障礙，有時心浮氣躁，甚至行於顏色，眞要謝謝外子的寬容。感謝臺灣學生書局陳蕙文編輯的協助，因爲她的勤快與細心，讓小書能順利出版。

高　婉　瑜　合十

民國 103 年蘭月　淡水五虎崗

國家圖書館出版品預行編目資料

《景德傳燈錄》語言探索

高婉瑜著. – 初版. – 臺北市：臺灣學生，2014.08
面；公分

ISBN 978-957-15-1635-6 (平裝)

1. 禪宗 2. 佛教傳記

226.69   103015158

《景德傳燈錄》語言探索

著　作　者：高　　　婉　　　瑜
出　版　者：臺　灣　學　生　書　局　有　限　公　司
發　行　人：楊　　　雲　　　龍
發　行　所：臺　灣　學　生　書　局　有　限　公　司
　　　　　　臺北市和平東路一段七十五巷十一號
　　　　　　郵 政 劃 撥 帳 號：0 0 0 2 4 6 6 8
　　　　　　電　話　：（0 2）2 3 9 2 8 1 8 5
　　　　　　傳　眞　：（0 2）2 3 9 2 8 1 0 5
　　　　　　E-mail：student.book@msa.hinet.net
　　　　　　http：//www.studentbook.com.tw

本 書 局 登
記 證 字 號：行政院新聞局局版北市業字第玖捌壹號

印　刷　所：長　欣　印　刷　企　業　社
　　　　　　新北市中和區中正路九八八巷十七號
　　　　　　電　話　：（0 2）2 2 2 6 8 8 5 3

定價：新臺幣三五○元

西 元 二 ○ 一 四 年 八 月 初 版